JN277758

「いつ」「どのように」使えるかがわかる!!
手あそび百科

ピアノ伴奏つき

はじめに

　本書では、122曲の手あそびを紹介しています。そこには、「手」に限らず、指や、身体も用いるあそびも多く盛り込みました。道具も使わず、いつでもどこでもだれとでも遊べる便利な手あそび。手あそびを知っていれば、保育のちょっとした時間に楽しく遊べるというだけでなく、あいさつや手洗い、歯磨きなど基本的な生活習慣を身につけさせたり、次の活動への意欲を高めたり、季節を感性豊かに感じられたりと、日常の保育で子どもの力を育てることにつながります。子どもたちの意欲や想像力、表現力や創造力を育てるのに手あそびはとても有効なあそびです。「いつ」「どのように」使うかで子どもたちのその力もまた広がりをみせてくれることでしょう。手あそびを少しでも多く知っていると、保育者自身も毎日の保育に自信を持てることでしょう。

　本書では、雰囲気を少し変えるために、ピアノ伴奏をつけています。ピアノの苦手な人や初心者でも簡単に弾けるよう、やさしい伴奏にしています。苦手意識を少しでも払拭し、子どもたちとの楽しみにつなげてください。

　子どもとの関わりを大切に、保育者だけでなく保護者の方々にもあそびを伝えて、本書をご活用いただけたら幸いです。

大阪国際大学短期大学部　教授　植田　光子

ひかりのくに

本書の特長

本書では、多数の手あそびを、保育におけるそれぞれの場面や子どもの年齢・状況に応じて実際に使いやすいように、また、保育の幅を広げるのに活用いただけるようにしています。

特長1

手あそびがあれば保育も怖くない！ことばがけ例や導入のヒント＆年齢別アレンジつき！

手あそびの歌は知っているけど、どのタイミングでどのように始めたらいいの？　という声にこたえて、「いつ」「どのように」使えるのか、手あそびに入る前の導入やことばがけの例を各曲につけました。うたうだけではなく子どもにことばがけをしながら、手あそびを通して保育力も身につきます。また、年齢別のアレンジ例がついているので、どの年齢のクラスを受け持っても使えます。それぞれのヒントを参考に、「目ざせ！　手あそび名人」。

特長2

生活、季節・行事にも使える人気の手あそび充実122曲！

保育園・幼稚園で子どもに人気の手あそびを、わらべうたから最近の曲まで幅広く、122曲を掲載しています。短い歌が多いので、すぐに使えるものばかりです。生活の場面や、季節・行事に関連したもの、低年齢児向けや、子どもが特に興味をもつ「どうぶつ」や「たべもの」の歌も取り上げています。手あそびだけではなく、指あそびや、身体を使ったあそびもあり、日常保育で幅広く活用できます。

特長3

簡単に弾けるピアノ伴奏つき！

簡単に弾けるピアノ伴奏をメロディのあるすべての曲につけています。手あそびはピアノがなくてもできるものだけれど、ピアノがあれば、雰囲気を変えるときにもとても有効です。また、日常の保育から発表会の出しものへとつなげていくのもよいでしょう。ごく基本となる和音の伴奏なので、リズムパターンを変えてアレンジしていくのもよいですね（218～221ページ参照）。

本書の見方と使い方

「いつ」「どのように」使えるかがわかりやすいように、3章構成にしています。

第1章では、生活を意識した手あそびを集めています。あいさつや手洗いなど生活習慣を楽しく身につけるのに役立てていただけます。

第2章では、季節や行事に関する手あそびを集めています。季節を感じながら子どもたちとともに楽しんでください。もちろん1年を通しても楽しめます。

第3章では、「いろんな手あそび」として、子どもたちに人気の手あそびを「低年齢児向け」「複数人数で遊べるゲーム感覚のもの」「指先を動かす指あそび」「ジャンケン」のほか、子どもがもっとも興味を示す「どうぶつ」と「たべもの」に分けています。

保育の場面、子どもの年齢に応じて、おもしろいと思うものからぜひ実践してください。手あそびの実践の際には、222〜223ページの「手あそび名人への道」も参考にしてください。

各ページは下記のようになっています。それぞれのコーナーも参考に活用してください。

伴奏つき楽譜
メロディに合わせて、いちばん弾きやすい伴奏譜をつけています。本来なら伴奏のいらないわらべうたにも、雰囲気を変えるのに役立てていただけるように伴奏をつけました。どの曲も弾きやすいよう、また、リズムパターンの変化でアレンジがしやすいように基本の和音の伴奏にしています。少し余裕があれば、リズムパターンを変えて幾通りものアレンジに挑戦してみてください。

年齢
子どもが実践でき、楽しめる年齢の目安です。子どもの年齢に応じて行ないやすいようにアレンジするとよいでしょう。

動き
基本となる動きを載せています。子どものようすや年齢・場面に応じて、遊びやすいようにアレンジするとよいでしょう。

手あそび名人への道
「いつ」「どのように」使えるのかのヒントとなるよう、導入の仕方やことばがけの例をあげています。こちらを参考に、手あそびをいろんな場面でどんどん活用してください。

年齢別アレンジ
基本となるあそびからのアレンジのヒントを年齢別にあげています。一つの遊び方にとどまらず、こちらをヒントにして年齢に応じて遊び方を変えたり、やさしくしたり、難しくしたりしてあそびの幅を広げていってください。

※ページのつごう上、1番のみ、もしくは、3番までの掲載にした歌もあります。

手あそび百科
CONTENTS ①

- はじめに …………………………………… 1
- 本書の特長 ………………………………… 2
- 本書の見方と使い方 ……………………… 3
- CONTENTS②　タイトル50音順 ……… 6
- CONTENTS③　うたいだし50音順 …… 8

①生活の手あそび ……………… 11
楽しく生活習慣を身につけさせたり、次の活動への意欲づくりに役立ちます!!

- みんななかよし …………………………… 12
- せんせいとおともだち …………………… 14
- あなたのおなまえは ……………………… 16
- おはなし …………………………………… 18
- はじまるよはじまるよ …………………… 20
- さあ　みんなで …………………………… 22
- かみしばいのうた ………………………… 24
- なぞなぞむし ……………………………… 25
- できたかな？ ……………………………… 26
- おえかきうれしいな ……………………… 27
- くれよん　しゅしゅしゅ ………………… 28
- おむねをはりましょ ……………………… 30
- 出してひっこめて ………………………… 32
- おべんとうばこのうた …………………… 34
- おべんとう ………………………………… 36
- はをみがきましょう ……………………… 37
- はみがきのうた …………………………… 38
- おててをあらいましょう ………………… 40
- とんでけバイキン ………………………… 41
- せんたくハンカチ ………………………… 42
- ハンカチブランコ ………………………… 44
- おやすみまえのうた ……………………… 46

②季節＆行事の手あそび ……… 47
春・夏・秋・冬、行事に関連した手あそびを知っておけば、一年通して困りません!!

- 拍手をプレゼント ………………………… 48
- おはながさいた …………………………… 49
- 春ですよ！　春ですよ！ ………………… 50
- 小さな庭 …………………………………… 52
- とけいのうた ……………………………… 54
- みずあそびチャプチャプ ………………… 56
- じゅんびたいそう ………………………… 58
- 山ぞくのうた ……………………………… 60
- おふろやさんに行こう …………………… 62
- どんぐりころころ ………………………… 64
- がたがたバス ……………………………… 65
- バスごっこ ………………………………… 66
- トコトコトコちゃん ……………………… 68
- かたたたき ………………………………… 70
- リズムにのって …………………………… 72
- もちつき …………………………………… 73
- 鬼のパンツ ………………………………… 74
- おしくらまんじゅう ……………………… 76

③いろんな手あそび ……………… 77
子どもに人気の手あそびが集結!! 子どもの興味・関心を広げて、あなたも手あそび名人に!!

●**低年齢児の手あそび** 簡単な手あそびで、無理なく遊べます!! ……78
- ちょちちょちあわわ ……………………… 78
- １本橋こちょこちょ ……………………… 79
- あがりめさがりめ ………………………… 80
- だるまさん ………………………………… 81
- むすんでひらいて ………………………… 82
- ピヨピヨちゃん …………………………… 84
- ゆらゆらタンタン ………………………… 86
- あたまてんてん …………………………… 88
- どこかな？ ………………………………… 89
- ハイ！　タッチ …………………………… 90
- あたまかたひざポン ……………………… 92
- コロコロたまご …………………………… 94
- あしあしあし ……………………………… 96
- アイアイ …………………………………… 98
- せんべせんべ ……………………………… 100

●**ゲームで手あそび** 集会や保育参観など、大人数でもだいじょうぶ!! ‥101
- 手をたたこう ……………………………… 101
- おちたおちた ……………………………… 102
- ちゃつぼ …………………………………… 103
- なべなべそこぬけ ………………………… 104
- まねてたたきましょう …………………… 105

しあわせなら手をたたこう ……………… 106
ごんべさんのあかちゃん ………………… 108
いとまき ……………………………………… 110
ずいずいずっころばし ……………………… 112
アルプス一万尺 ……………………………… 114
とんとんとんとんひげじいさん …………… 116

● **指の名前で手あそび** 指先を動かして、脳を活性化!! … 118
あおむしでたよ ……………………………… 118
おはなしゆびさん …………………………… 120
とうさんゆびどこです ……………………… 122
おへんじ　ハイ ……………………………… 124
5つのメロンパン …………………………… 126
なかよしさん ………………………………… 128
あなのなか …………………………………… 130

● **ジャンケン手あそび** いつの間にか夢中になって盛り上がります!! … 131
ずっとあいこ ………………………………… 131
ぐうちょきぱあ ……………………………… 132
グーチョキパーでうたいましょう ………… 133
げんこつ山のたぬきさん …………………… 134
グーチョキパーがやってきた ……………… 136
グーチョキパーでなにつくろう …………… 138
お寺のおしょうさん ………………………… 140
はやしのなかから …………………………… 142
おちゃらかホイ ……………………………… 144

● **どうぶつ手あそび** 動物は子どもの人気者! 必ず楽しめます! … 146
はるなつあきふゆ …………………………… 146
かたつむり …………………………………… 147
チョキチョキとこやさん …………………… 148
魚がはねて …………………………………… 149
のねずみ ……………………………………… 150
一本ばし二本ばし …………………………… 151
1丁目のドラねこ …………………………… 152
1ぽんと1ぽんで …………………………… 154
たまごたまご ………………………………… 156
かわずのよまわり …………………………… 158
きつねのおはなし …………………………… 160
のぼるよコアラ ……………………………… 162
ものまねザル ………………………………… 164
くいしんぼゴリラのうた …………………… 166
コブタヌキツネコ …………………………… 168

ねこのこ ……………………………………… 170
パンダうさぎコアラ ………………………… 172
きんぎょさんとめだかさん ………………… 174
山小屋いっけん ……………………………… 176
どんなおひげ ………………………………… 178
てんぐのはな ………………………………… 180
ぞうさんとねずみさん ……………………… 182
奈良の大仏さん ……………………………… 184
わにのうた …………………………………… 186

● **たべもの手あそび** 食育に最適!! 食への関心も高まります! … 188
ちっちゃないちご …………………………… 188
すいか ………………………………………… 190
おむすびギュッギュッ ……………………… 191
まつぼっくり ………………………………… 192
八百屋のお店 ………………………………… 194
おおきなくりのきのしたで ………………… 196
やきいもグーチーパー ……………………… 198
いわしのひらき ……………………………… 200
たいやきたこやき …………………………… 202
ピクニック …………………………………… 204
パンやさんにおかいもの …………………… 206
パンパンサンド ……………………………… 208
カレーライスのうた ………………………… 210
おでん ………………………………………… 212
フルーツパフェ ……………………………… 214
キャベツはキャ ……………………………… 216

ピアノ伴奏について ………………………… 218
主なピアノコード表 ………………………… 220
手あそび名人への道 ………………………… 222

本文イラスト／いとうなつこ、小沢ヨマ、ジャンボ・KAME、
　　　　　　　町田里美、森川弘子
楽 譜 浄 書／福田楽譜
編 集 協 力／永井一嘉、永井裕美
企 画 編 集／長田亜里沙、安藤憲志

✻CONTENTS② ✻ タイトル50音順✻

あ
- アイアイ …………………………… 98
- あおむしでてよ ………………… 118
- あがりめさがりめ ……………… 80
- あしあしあし …………………… 96
- あたまかたひざポン …………… 92
- あたまてんてん ………………… 88
- あなたのおなまえは …………… 16
- あなのなか ……………………… 130
- アルプス一万尺 ………………… 114

い
- 1丁目のドラねこ ……………… 152
- 5つのメロンパン ……………… 126
- 1ぽんと1ぽんで ……………… 154
- 1本橋こちょこちょ …………… 79
- 一本ばし二本ばし ……………… 151
- いとまき ………………………… 110
- いわしのひらき ………………… 200

お
- おえかきうれしいな …………… 27
- おおきなくりのきのしたで …… 196
- おしくらまんじゅう …………… 76
- おちたおちた …………………… 102
- おちゃらかホイ ………………… 144
- おててをあらいましょう ……… 40
- お寺のおしょうさん …………… 140
- おでん …………………………… 212
- 鬼のパンツ ……………………… 74
- おはながさいた ………………… 49
- おはなし ………………………… 18
- おはなしゆびさん ……………… 120
- おふろやさんに行こう ………… 62
- おへんじ ハイ ………………… 124
- おべんとう ……………………… 36
- おべんとうばこのうた ………… 34
- おむすびギュッギュッ ………… 191
- おむねをはりましょ …………… 30
- おやすみまえのうた …………… 46

か
- がたがたバス …………………… 65
- かたたたき ……………………… 70
- かたつむり ……………………… 147
- かみしばいのうた ……………… 24
- カレーライスのうた …………… 210
- かわずのよまわり ……………… 158

き
- きつねのおはなし ……………… 160
- キャベツはキャ ………………… 216
- きんぎょさんとめだかさん …… 174

く
- くいしんぼゴリラのうた ……… 166
- ぐうちょきぱあ ………………… 132
- グーチョキパーがやってきた … 136
- グーチョキパーでうたいましょう … 133
- グーチョキパーでなにつくろう … 138
- くれよん しゅしゅしゅ ……… 28

け
- げんこつ山のたぬきさん ……… 134

こ
- コブタヌキツネコ ……………… 168
- コロコロたまご ………………… 94
- ごんべさんのあかちゃん ……… 108

さ
- さあ みんなで ………………… 22
- 魚がはねて ……………………… 149
- 山ぞくのうた …………………… 60

し
- しあわせなら手をたたこう …… 106
- じゅんびたいそう ……………… 58

す
- すいか …………………………… 190
- ずいずいずっころばし ………… 112
- ずっとあいこ …………………… 131

せ	せんせいとおとだち	14	**は**	ハイ！ タッチ …………………… 90
	せんたくハンカチ …………… 42		拍手をプレゼント …………… 48
	せんべせんべ ……………… 100		9/21 はじまるよはじまるよ …… 20
そ	ぞうさんとねずみさん ……… 182		バスごっこ …………………… 66
			はみがきのうた ……………… 38
た	たいやきたこやき …………… 202		はやしのなかから …………… 142
	出してひっこめて …………… 32		春ですよ！ 春ですよ！ …… 50
	たまごたまご ………………… 156		はるなつあきふゆ …………… 146
	だるまさん …………………… 81		はをみがきましょう ………… 37
			ハンカチブランコ …………… 44
ち	小さな庭 ……………………… 52		10/2 パンダうさぎコアラ ………… 172
	ちっちゃないちご …………… 188		パンパンサンド ……………… 208
	ちゃつぼ ……………………… 103		パンやさんにおかいもの …… 206
	チョキチョキとこやさん …… 148		
	ちょちちょちあわわ ………… 78	**ひ**	ピクニック …………………… 204
			ピヨピヨちゃん ……………… 84
て	できたかな？ ………………… 26		
	手をたたこう ………………… 101	**ふ**	フルーツパフェ ……………… 214
	てんぐのはな ………………… 180		
		ま	まつぼっくり ………………… 192
と	とうさんゆびどこです ……… 122		まねてたたきましょう ……… 105
	とけいのうた ………………… 54		
	どこかな？ …………………… 89	**み**	みずあそびチャプチャプ …… 56
	トコトコトコちゃん ………… 68		みんななかよし ……………… 12
	どんぐりころころ …………… 64		
	とんでけバイキン …………… 41	**む**	むすんでひらいて …………… 82
	とんとんとんとんひげじいさん …… 116		
	どんなおひげ ………………… 178	**も**	もちつき ……………………… 73
			ものまねザル ………………… 164
な	なかよしさん ………………… 128		
	なぞなぞむし ………………… 25	**や**	八百屋のお店 ………………… 194
	なべなべそこぬけ …………… 104		やきいもグーチーパー ……… 198
	奈良の大仏さん ……………… 184		山小屋いっけん ……………… 176
ね	ねこのこ ……………………… 170	**ゆ**	ゆらゆらタンタン …………… 86
の	のねずみ ……………………… 150	**り**	リズムにのって ……………… 72
	のぼるよコアラ ……………… 162		
		わ	わにのうた …………………… 186

✲CONTENTS③✲ うたいだし50音順✲

あ
- アイアイ　アイアイ　おさるさんだよ……98
- (あかい)くれよん　しゅしゅしゅ………28
- あがりめ　さがりめ　ぐるりとまわして‥80
- あしあしあしあし　あしですよ………96
- あたまかたひざポン……………………92
- あたまてんてん　かたたんたん………88
- 〔あたま〕は　〔あたま〕は　どこですか……90
- あっちからなぞなぞむしがやってきて……25
- あなたのおなまえは　○○○…………16
- あめ　がふれば　おがわ　ができる……60
- アルプスいちまんじゃく………………114

い
- いちご　みかん　マスクメロン………214
- いちとごで　たこやきたべて…………204
- いっちょめのドラねこ…………………152
- いっぴきののねずみが…………………150
- いっぽんといっぽんで…………………154
- いっぽんばし　いっぽんばし…………151
- いっぽんばしこちょこちょ………………79
- いとまきまき　いとまきまき…………110
- いわしのひらきが　しおふいてパッ……200

お
- おいでおいでおいでおいで……………172
- おえかきおえかき　うれしいな…………27
- おおがたバスにのってます………………66
- おおきなくりのきのしたで……………196
- おしくらまんじゅう　ぎゅっぎゅっぎゅっ…76
- おたんじょうびおめでとう………………48
- おちたおちた　なにがおちた…………102
- おちゃらか　おちゃらか………………144
- おててをあらいましょう…………………40
- おててをごしごし　おててをごしごし……41
- おとうさんとおかあさん　なかよしさん‥128
- おとうさんハイ　おかあさんハイ………124
- 〔おとうさん〕ゆび　ねんね………………46
- おにのパンツはいいパンツ………………74
- 〔おはなが〕さいた　きれいにさいた………49
- おはなし　おはなし　パチパチパチパチ…18
- おはなしでてこい　せんせいのてから……24
- おべんとおべんとうれしいな……………36
- 〔おみみ〕は　どこかしら…………………89
- おむねをはりましょ　のばしましょ………30

か
- がたがたバス　がたがたバス……………65
- 〔かた〕をたたきましょう……………………72
- かにさんが　かにさんが…………………148
- かにさんとかにさんが……………………131
- かわずのよまわり　ガッコガッコ………158

き
- キャベツのなかから　あおむしでたよ‥118
- きんぎょさんとめだかさんの　ちがいはね‥174

く
- くいしんぼなゴリラが…………………166
- グーグーグーがやってきた……………136
- 〔グーグーパー〕〔グーグーパー〕…………133
- ぐうちょきぱぁ　ぐうちょきぱぁ………132
- グーチョキパーで　グーチョキパーで‥138

け
- げんこつやまのたぬきさん……………134

こ
- コチコチカッチンおとけいさん…………54
- こっちからきつねがでてきたよ………160
- こねこのおひげは………………………178
- このゆびパパ　ふとっちょパパ………120
- ごはんをのせて　うめぼしいれて………191
- こぶた　たぬき　きつね　ねこ…………168
- これっくらいの　おべんとばこに………34
- コロコロたまごはおりこうさん…………94
- ごんべさんのあかちゃんが……………108

さ
- さあみんなが　みんながあつまった……22
- さかながはねて　ピョン…………………149

し	しあわせならてをたたこう ……………… 106		**の**	のぼるよのぼるよコアラ ………………… 162
	ジャブジャブ　ギュッ　パッパッパッ … 42		**は**	はじまるよ　はじまるよ ………………… 20
	じゅんびたいそう　いち、に、さん …… 58			はみがきシュッシュッ　あぶくぶく …… 38
す	ずいずいずっころばし …………………… 112			はやしのなかから　おぼうさんが …… 142
せ	せっせっせーのよいよいよい …………… 140			はるですよはるですよ　おはなが …… 50
	せんせいとおともだち …………………… 14			はるはモグラも　おさんぽで ………… 146
	せんべせんべやけた　どのせんべやけた ‥ 100			はをみがきましょう　しゅっしゅっしゅっ‥ 37
そ	ぞうさんの（ぼうし）はでっかいぞー …… 182			ハンカチのブランコ　ブラブラ ………… 44
た	たいやきくんとたこやきくんが ………… 202			パンパンパンやさんにおかいもの …… 206
	たまごたまごが　パチンとわれて …… 156			パンやにいつつのメロンパン ………… 126
	だるまさん　だるまさん ………………… 81		**ひ**	ピヨピヨちゃん　なんですか …………… 84
ち	ちいさなおでんをつくります …………… 212		**ふ**	ふんわりパン　ふんわりパン ………… 208
	ちいさなにわをよくたがやして ………… 52		**へ**		
	ちっちゃないちごがいいました ………… 188		**ま**	ぺったんこ　ぺったんこ　もちつき …… 73
	ちゃちゃつぼ　ちゃつぼ ………………… 103			まえにだしてトントントン ……………… 32
	チョチチョチ　アワワ　かいぐりかいぐり ‥ 78			まつぼっくりがあったとさ …………… 192
て	できたかな　できたかな　きれいに …… 26			まねてたたきましょう〔ひとつ〕 ……… 105
	てをたたこう（ポン）てをたたこう（ポン）‥ 101			まんまるすいかはおもたいぞ ………… 190
	てんぐのはなはながいぞ ………………… 180		**み**	みぎてとひだりてつないだら …………… 12
	でんでんむしむしかたつむり …………… 147			みずとおあそびたのしいな …………… 56
と	〔とうさん〕ゆび　あなのなか　あなのなか ‥ 130			みんなでいこう　おふろやさん ………… 62
	とうさんゆびどこです　ここよここよ ‥ 122		**む**	むすんで　ひらいて　てをうって ……… 82
	トコトコトコちゃん　さんぽして ………… 68		**も**	ものまねざるのおいしゃさん ………… 164
	トマトはトントントン ……………………… 216		**や**	やおやのおみせにならんだ …………… 194
	どんぐりころころ　どんぶりこ ………… 64			やきいも　やきいも　おなかがグー …… 198
	トントントントン　かたたたき ………… 70			やまごやいっけんありました ………… 176
	とんとんとんとんひげじいさん ………… 116		**ゆ**	ゆらゆらタンタン　おめめ ……………… 86
な	なべなべそこぬけ ………………………… 104		**わ**	わたしはねこのこ　ねこのこ ………… 170
	ならのならの　だいぶつさんに ……… 184			わにがおよぐ　わにがおよぐ ………… 186
に	にんじん　たまねぎ　じゃがいも ……… 210			

ピアノも時には有効利用!
　道具も使わない、ピアノも使わない、それで遊べるのが手あそびの魅力ですが、子どもたちが手あそびを覚えてきたら、気分を変えてピアノを弾き、雰囲気を盛り上げていきましょう。本書の手あそびには、ハーモニーを大切にした和音をつけているので、弾きやすく心地よいでしょう。日常の手あそびから、発表会の演目としてもつなげていけますよ(218～221ページ参照)。

1 生活の手あそび

毎日の保育で、特に1日の生活の流れを意識して、手あそびを集めました。
生活習慣を身につけさせたり、次の活動への意欲づくりに、楽しみながら活用してください。

✳︎✳︎✳︎ 生活の手あそび ✳︎✳︎✳︎
みんななかよし

4～5歳児

作詞・作曲：田中昭子　編曲：植田光子
振付：田中昭子

（楽譜）

歌詞：
みぎてとひだりて つないだら ぼくーときみーは なか よし
みんなでみんなで つないだら みんなでみんなで つないだら
おおきなおおきな おおきなまるに なりま し た
ぼくらはみんな なか よ し

⏰ 手あそび名人への道 いつ!? どのように!?

★新学期や週の初めに

　入園後や、新学期、週の初めに、友だちと仲良くなれるきっかけをつかめるうたです。2人組から大人数まで、幅広く遊べます。

　あそびに入る前に、リズムあそびなどを取り入れてみるのもよいでしょう。音楽に合わせて歩いたりスキップしたりし、曲が止まったら保育者のかけ声で「2人組」「3人組」「4人組」など、状態を見ながら人数を増やしていきましょう。最後にもう一度2人組になり、「楽しいダンスをしてみよう」とみんななかよしの内容を知らせます。「右、左…」と歌詞にそって動いてみましょう。

みんななかよし

①**みぎてと** 
向かい合って右手をお互いに出す。

②**ひだりてつないだら** 
左手も出し、両手ともつなぐ。

③**ぼくときみはなかよし** 
ひざを曲げる。

④**みんなでみんなでつないだら** 
手をつないだまま右に回る。

⑤**みんなでみんなでつないだら** 
左に回る。

⑥**おおきなおおきなおおきなまるに** 
手をつないだまま左右に8回揺らす。

⑨**なりました** 
両手を上にあげる。

⑩**ぼくらはみんななかよし** 
肩を組んで、左右に揺れる。

生活

年齢別アレンジ

★**低年齢児には**
子どもをひざの上にのせ、手をとりながらゆっくりとうたいましょう。リズムに合わせてうたうのが楽しくなります。

★**4〜5歳児には**
間奏を入れ、2人でスキップをしたり歩いたりしてみましょう。2人から4人、4人から8人と人数を増やしても楽しいです。

☆☆☆ 生活の手あそび ☆☆☆
せんせいとおともだち

作詞：吉岡治　作曲：越部信義　編曲：植田光子

2〜5歳児

♪ 1.〜3. せん せい と　お と も だ ち　せん せい と　お と も だ ち
　　あ に　く し ゅ さ め っ こ を つ　し し よ よ う う　ギュ お メッ　ギュ は メッ　ギュ よ メッ

1番

①せんせいと 
その場で足踏みをする。

②おともだち 
おじぎをする。

③せんせいと 
①と同じ。

⏰ 手あそび名人への道 いつ!?どのように!?

★**入園後や新学期などに**
　楽しくあいさつあそびができます。入園後や新学期の緊張を楽しくほぐしましょう。

★**手あそびに入る前には**
　○保育者がまず、子どもたちの名前を呼んでみんなの顔がわかるようにします。「知っている」「知らない」「いる」「いらない」で盛り上がっていきます。「だれがいるかな？」とことばがけして始めましょう。
　○歌をうたい歌詞の内容を知らせ、保育者と子どもであいさつやにらめっこをして遊びます。その後、2人組になり、足踏みや手拍子を取り入れ、最後に友だち同士でしてみましょう。

せんせいとおともだち

④おともだち 
②と同じ。

⑤あくしゅをしよう 
手拍子をする。

⑥ギュギュギュ 
握手をする。

2番

①せんせいと ②おともだち
③せんせいと ④おともだち
1番 の①〜⑤と同じ。 
①②を2回繰り返す。

⑤あいさつしよう 
手拍子をする。

⑥おはよ 
両手を口元に当て、おはよとあいさつをする。

3番

①せんせいと ②おともだち
③せんせいと ④おともだち
1番 の①〜⑤と同じ。 
①②を2回繰り返す。

⑤にらめっこしよう 
手拍子をする。

⑥メッメッメッ  
"あっかんべー"をしながらにらめっこをする。

年齢別アレンジ

★低年齢児には
子どもをひざの上にのせ、子どもの手をとって向かい合って遊びましょう。

★3〜5歳児には
○"せんせい"を子どもの名前に順番に変えていきましょう。動物や花の名前などに置き換えてみるのもよいでしょう。
○大人数で2重円になって遊んでみましょう。1番〜3番までうたい終わったら、内側の円と外側の円は逆にまわり、パートナーを交替して繰り返し遊んでみましょう。

✳︎✳︎✳︎ 生活の手あそび ✳︎✳︎✳︎
あなたのおなまえは

作詞：不明　インドネシア民謡　編曲：植田光子

[2〜5歳児]

（楽譜）

歌詞：
あーなたのおなまえは ○○○　あーなたのおなまえは ○○○
あーなたのおなまえは ○○○あら すてきなおなまえね

① あなたのおなまえは
歌に合わせて手拍子をする。 

② ○○○ 
大人が両手で子どものほおを包みながら名前を呼ぶ。

手あそび名人への道　いつ!? どのように!?

★ **新学期や誕生日会に**
　この手あそびは友だちの名前を覚えるだけでなく、人前で自信をもって名前を言えるきっかけにもなります。

★ **手あそびに入る前には**
　「みんなにはそれぞれ素敵な名前があります。友だちの名前を知っていますか？」と問いかけてみましょう。手作りマイクを用意し、歌に合わせて最初に先生が自分の名前を言って、子どもたちに遊び方を知らせます。その後、順番に子どもたちにマイクを向けていき、名前の言えない子どもにはいっしょに言ってあげるなど援助をしましょう。

あなたのおなまえは

③ あなたのおなまえは

①と同じ。

④ ○○○

②と同じ。

⑤ あなたのおなまえは

手拍子のあとで片手を握り、マイクに見たてて子どもの口元に持っていく。

⑥ ○○○

子どもが名前を答える。

⑦ あらすてきなおなまえね

手拍子をする。

年齢別アレンジ

★低年齢児には
ひざの上にのせて手をとりながらスキンシップを楽しみましょう。⑦ではぎゅっと抱きしめてあげましょう。

★3～5歳児には
○子ども同士で1対1になり、名前を聞き合います。自己紹介あそびとしても楽しめます。
○子どもがインタビュアーになって、「好きなものは？」「好きな色は？」などと聞いてみるのもよいでしょう。

生活の手あそび
おはなし

作詞：谷口和子　作曲：渡辺茂　編曲：植田光子

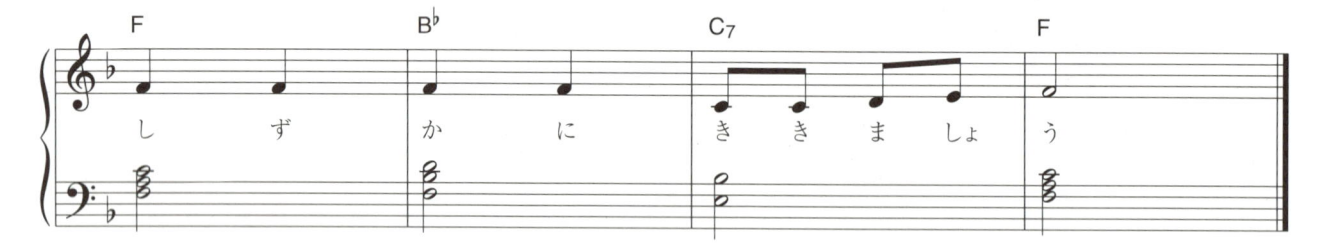

2〜5歳児

（楽譜）

おはなし　おはなし　パチパチ
パチパチ　うれしいはなし
たのしいはなし　しっしっしっしっ
しずかに　ききましょう

手あそび名人への道　いつ!?　どのように!?

★絵本や紙芝居、素話などの前に

話を静かに聞く態度がしぜんとできます。「先生のまねをしていっしょにやってみよう」のことばがけから、楽しい話が始まるという期待をもてるようにします。最後の歌詞にある"しっしっしっしっしずかにききましょう"の部分で、少しずつゆっくり小さな声にしていくと、子どもたちも興味津々で話を聞こうとするでしょう。

おはなし

① おはなしおはなし
腕を胸の前で交差して、リズムに合わせて頭を左右に振る。

② パチパチパチパチ
手をたたく。

③ うれしいはなしたのしいはなし
①と同じ。

④ しっしっしっしっ
人さし指を口に当てる。

⑤ しずかにききましょう
両手を大きくまわしてひざに置く。

年齢別アレンジ

★低年齢児には
子どもをひざの上にのせ、手をとってうたいましょう。④では、子どもの口元に保育者の人さし指をもっていって、"しっしっしっしっ"とやさしくうたってみましょう。

★4〜5歳児には
保育者の代わりにひとりの子どもがリードして、全員でうたっても楽しいでしょう。子どもひとりひとりが順番に話をするというときにも、友だちの話をきちんと聞くという意識が高まります。

✽✽✽ 生活の手あそび ✽✽✽
はじまるよはじまるよ

1〜5歳児

作詞・作曲：不詳　編曲：植田光子

（楽譜）

1.〜5. はじまるよ　はじまるよ　はじまるよったら　はじまるよ

1. いち と いち で にんじゃ だよ 「ドローン」
2. に と に で じゃんけんぽい 「チョキーン」
3. さん と さん で ねこのひげ 「ニャオーン」
4. よん と よん で たこのあし 「ヒューン」
5. ご と ご で…

1番

① はじまるよ はじまるよ
　 はじまるよったら はじまるよ 
　 左右で3回ずつ手をたたく。
　 2回繰り返す。

② いちといちで
　 人さし指を片方ずつ出す。

③ にんじゃだよ 
　 忍者が変身するポーズをする。

④ 「ドローン」 
　 横に振る。

手あそび名人への道　いつ!? どのように!?

★絵本や紙芝居、集話などの前に
　絵本、紙芝居、素話など、話を聞く前に歌ってみましょう。静かに聞く態度がしぜんとできてきます。

年齢別アレンジ

★低年齢児には
　保育者が手をとって、楽しいリズムを感じ取らせてあげましょう。

★4〜5歳児には
　子どもたち自身が考えた指の形を順番に発表し、みんなでまねしていくとおもしろいでしょう。

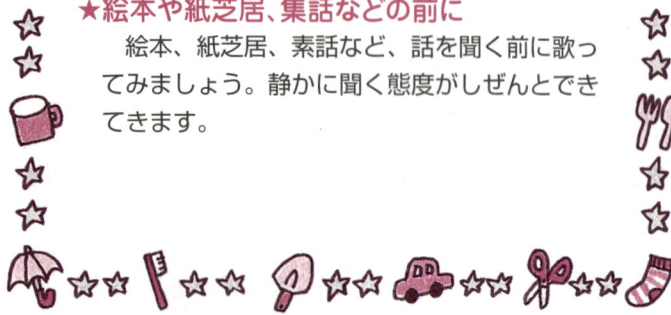

はじまるよ はじまるよ

2番
① はじまるよ はじまるよ
　はじまるよったら はじまるよ 
1番の①と同じ。

② にとにで 
2本の指を立て、片方ずつ出す。

③ かにさんだよ 
カニのはさみの形で、左右に振る。

④ 「チョキーン」 
切るしぐさをする。

3番
① はじまるよ はじまるよ
　はじまるよったら はじまるよ 
1番の①と同じ。

② さんとさんで 
3本の指を立て、片方ずつ出す。

③ ねこのひげ 
ほおでネコのひげを作る。

④ 「ニャオーン」 
招き猫の手をする。

4番
① はじまるよ はじまるよ
　はじまるよったら はじまるよ 
1番の①と同じ。

② よんとよんで 
4本の指を立て、片方ずつ出す。

③ たこのあし 
体の前でゆらゆらと手を揺らす。

④ 「ヒューン」 
横に飛んでいくように振る。

5番
① はじまるよ はじまるよ
　はじまるよったら はじまるよ 
1番の①と同じ。

② ごとごで 
5本の指を立て、片方ずつ出す。

③ てはおひざ 
両手をひざの上におろす。

✲✲✲ 生活の手あそび ✲✲✲
さあ みんなで

作詞・作曲：浅野ななみ　編曲：植田光子
振付：浅野ななみ

3〜5歳児

さあ みんなが みんなが あつまった おとなりさんの かたたたこう おとなりさんの ひざたたこう いっしょに トントントントントントン さあ みんなが みんなが あつまった

手あそび名人への道　いつ!?どのように!?

★集会などみんなが集まるときに

みんなが集まったときにできる楽しい手あそびです。イスに座ったままでも立ったままでもどちらでもよいでしょう。

「みんなが集まったからなにしようかな？」「お隣さんと仲良くして遊ぼうかな？」など話をし、歌に合わせていっしょに手拍子をして、始めてみましょう。

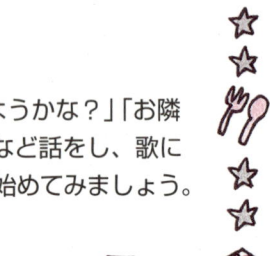

さあ みんなで

① さあ　みんながみんながあつまった

輪になって、曲に合わせて手拍子をする。

② おとなりさんの　かたたたこう

右隣の人の肩をたたく。

③ おとなりさんの　ひざたたこう

左隣の人のひざをたたく。

④ いっしょに　トントントントントン

肩とひざを同時にたたく。

⑤ さあ　みんながみんながあつまった

①と同じ。

年齢別アレンジ

★低年齢児には
　子どもをひざの上にのせ、リズムをとりながら向かい合って遊びましょう。
　子どもの身体をたたくときはやさしくしましょう。くすぐっても楽しくなるでしょう。

★3〜5歳児には
　輪になったり一列に並んだりして、座っても立っても遊んでみましょう。縦一列に並び「前の人の肩」、振り返って「後ろの人の背中」など身体の他の部分に触って遊んでみましょう。

✳︎✳︎✳︎ 生活の手あそび ✳︎✳︎✳︎
かみしばいのうた

作詞：佐倉智子　作曲：おざわたつゆき　編曲：植田光子
振付：阿部直美

3〜5歳児

歌詞：
おはなしでてこい　せんせいのてから
おはなしでてこい　かみしばい
はじまり（拍手）　はじまり（拍手）
パチ パチ パチ パチ　パチ パチ パチ

① おはなしでてこい せんせいのてから
　おはなしでてこい かみしばい

みんなでうたう。

② はじまり（拍手）

「はじまり」とうたい、拍手を3回する。

③ はじまり（拍手）

②と同じ。

④ パチパチ パチパチ パチパチパチ

うたいながら、7回拍手をする。

手あそび名人への道 いつ！？どのように！？

★紙芝居を読む前に
「今日は何の紙芝居かな？」とことばがけをして始めると、子どもたちも期待をもって手あそびをします。楽しく元気にうたったり、時にはゆっくり時には速くと、速度を変えてうたってみても楽しいです。

年齢別アレンジ

★低年齢児には
子どもをひざの上にのせて、手をとりながらゆっくりとうたってみましょう。

★4〜5歳児には
タンバリンやカスタネットなど打楽器を入れながら、合奏の導入とするのも楽しいでしょう。

生活の手あそび
なぞなぞむし

わらべうた　編曲：植田光子

2～5歳児

あっちから　なぞなぞむしがやってきて
こっちから　なぞなぞむしがやってきて
なぞなぞ　なぞなぞ　はてな

① **あっちから なぞなぞ むしがやってきて**
背中の後ろに両手を隠し、片方の人さし指を前に出す。 

② **こっちから なぞなぞ むしがやってきて** 
もう片方の人さし指も前に出す。

③ **なぞなぞ なぞなぞ** 
「なぞなぞ」で片方を頭につけ、つぎの「なぞなぞ」でもう片方も頭につける。

④ **はてな** 
指をつけたまま首を左右にかしげる。

手あそび名人への道　いつ!?どのように!?

★なぞなぞやクイズ遊びをする前に
　なぞなぞあそびをする前に、「指と指を出してなぞなぞ虫に変身！」指を動かしながら楽しく歌をうたってみましょう。見本を見せながら元気よくうたうと、子どもたちの気持ちが盛り上がっていくことでしょう。

年齢別アレンジ

★低年齢児には
　子どもをひざの上にのせ、はっきりとしたリズムでうたいましょう。

★3～5歳児には
　なぞなぞむしの歌をうたい、子どもたちが考えたなぞなぞを発表し合いましょう。

✻✻✻ 生活の手あそび ✻✻✻
できたかな？

作詞・作曲：植田光子

2〜5歳児

1番
①**できたかな**
　3回手をたたき、1拍休む。
②**できたかな**
　きれいに
　できたかな
　①を3回繰り返す。
　活動ができるまで、1番を繰り返す。

2番
①**できました できました**
　きれいに できました
　1番を何度かうたった後に保育者が「○○○ちゃんきれいにできたかな？」とことばがけをする。できた子どもたちは、保育者に向かい自慢げに胸を張って、「できました」と、手拍子をしながらうたう。1拍休みのところは、できたものを見せる。

⏰ 手あそび名人への道　いつ!? どのように!?

★**準備や片づけ、手洗いなどにも**
　お弁当の準備や部屋の掃除などいろいろな活動に使えます。決してプレッシャーを掛けないようにしましょう。

★**最後には**
　ことばがけを忘れずに、最後には子どもたちを褒めてあげましょう。

年齢別アレンジ

★**低年齢児には**
　ゆっくりと動けるように、うたいましょう。

★**4〜5歳児には**
　初めは小さな声でうたい出し、徐々に大きな声にしていきましょう。変化があるととても楽しくなるでしょう。

生活の手あそび
おえかきうれしいな

2〜5歳児

作詞・作曲：植田光子

♪ 生活

（楽譜）

歌詞:
おえかき おえかき うれしいな
みーんな なーにを かくんだろう
おえかき おえかき うれしいな
じゅんびは できたよ
（ハーイ！）

①おえかきおえかきうれしいな
みんななにをかくんだろう
おえかきおえかきうれしいな
じゅんびはできたよ

リズミカルに手拍子をしながら、みんなが準備できるまでうたう。

②（ハーイ！）

準備ができたら、保育者の「できたかな？」のことばかけに、最後はみんなで「ハーイ！できました！」と答える。

手あそび名人への道　いつ!?どのように!?

★お絵かきの準備に
きちんといすに座り、描く準備をさせるように促すための歌です。「今日は、どんな絵をかこうかな？」ということばかけとともに、保育者から紙やえんぴつなどを渡してもらったり、または、子どもが自分のクレヨンを準備しながら歌いましょう。

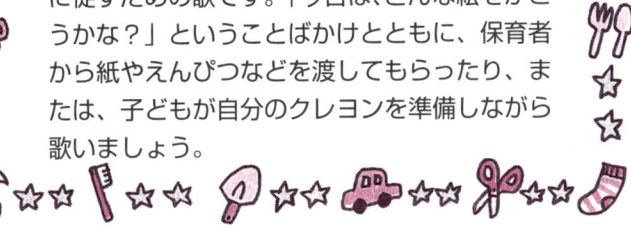

年齢別アレンジ

★低年齢児には
だっこをしながら、リズムに合わせて揺れてみましょう。"ハーイ"で大きく揺れるとうれしいでしょう。

★4〜5歳児には
ゆっくりしたり速くしたりすると、もっと楽しくなります。自由にテンポを変えましょう。

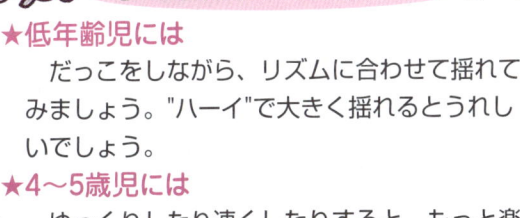

✽✽✽ 生活の手あそび ✽✽✽
くれよん しゅしゅしゅ

2〜5歳児

作詞：阿部恵　作曲：宮本理也　編曲：植田光子
振付：阿部恵

明るく (ad lib.)

（あかい）くれよん しゅ しゅ しゅ
にこにこ にっこり しゅ しゅ しゅ
くるくる ごしごし しゅー しゅ しゅ しゅ

a tempo

ほら （りんご）かー けちゃっ た

手あそび名人への道　いつ!?　どのように!?

★お絵かき前に
　お絵かきの前にうたうと関心が高まります。「空にむかってお絵かきをしてみよう。何色のクレヨンがいいかな？」「何を描こうかな？」などとことばかけをしながら子どもたちと会話をしてみましょう。
　いろいろな子どもの思いに答えながら、「何を描くか内緒、よく見ててね」と期待を持たせながら見本を見せます。その後、いっしょに行なってみましょう。

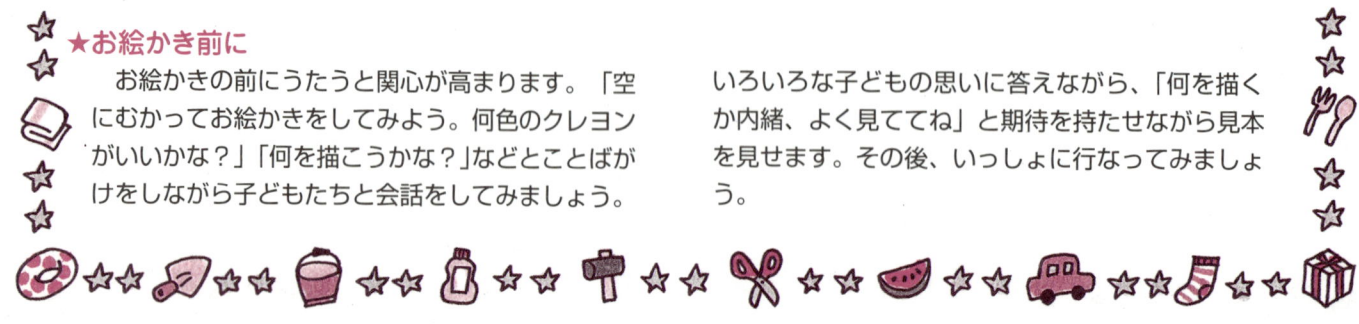

くれよん しゅしゅしゅ

①（あかい）くれよん しゅ しゅ しゅ

右手に赤いクレヨンを持って、空間にりんごの輪郭をゆっくり描く。

②にこにこにっこり しゅ しゅ しゅ

同様に続ける。

③くるくるごしごし しゅーしゅ しゅ しゅ

輪郭の中も塗りつぶすように描く。

④「最後に茶色のクレヨンでちょっと描いて…。さあ、なあに？」

茶色のクレヨンで芯棒を描く。

⑥ほら（りんご）かけちゃった

あらかじめ用意しておいた画用紙に描いた答えを出す。

年齢別アレンジ

★低年齢児には

子どもをひざの上にのせ、手をとって空中に絵を描くようにしましょう。

★4〜5歳児には

クイズと関連づけても楽しいです。歌をうたった後にヒントを出します。「顔にブツブツがたくさんあって、緑の帽子をかぶっているあまい果物ってなーあに」など。その後、みんなにペープサートを見せてもいいですね。

生活の手あそび
おむねをはりましょ

作詞・作曲：不明　編曲：植田光子

1～5歳児

おむねを はりましょ のばしましょ おてては
りょうほう うしろに くんで ぐーっと おむねを
はりましょう りっぱな しせいに なりました

手あそび名人への道　いつ!?どのように!?

★ 話を聞く前やあいさつをする時などに

　話を聞く前、あいさつをする時など、背中を伸ばし無理なく姿勢を正せます。姿勢が悪いと、けがをしたり身体の発育に影響がでるため姿勢を正すことの大切さを知らせます。その後で両手を胸に当て、子どもたちといっしょにやってみましょう。

★ 朝や午後の活動の前などに

　「風邪はひいていないかな？」「おなかは大丈夫？」「おねむな子はいないかな？」「じゃ、背中をピーッとできるかな？」など今日のお天気や健康についての話をして、心身ともにリラックスさせてあげましょう。

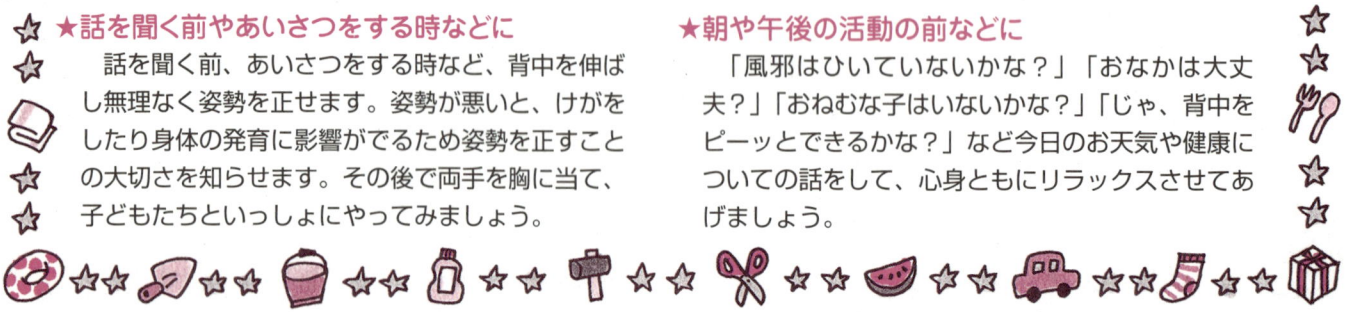

おむねをはりましょう

① おむねをはりましょ のばしましょ 
胸を張り、両手で胸をなでおろす。

② おててはりょうほう 
両手をまっすぐに前に伸ばす。

③ うしろにくんで 
両手を後ろで組む。

④ ぐーっと おむねをはりましょう 
両手を後ろで組んだまま、胸をぐっと張る。

⑤ りっぱなしせいになりました 
両手をそっと、ひざに置く。

年齢別アレンジ

★低年齢児には
子どもをひざの上にのせ、両手をもっていっしょにやってみましょう。リズムにのってうたうことを楽しみ、無理な動きはしないようにしましょう。

★3〜5歳児には
座ったとき以外にも、立って並んだときや歌をうたうときにも取り入れ、正しい姿勢を意識できるようにしましょう。

✽✽✽ 生活の手あそび ✽✽✽
出してひっこめて

作詞：二階堂邦子　外国曲　編曲：植田光子

3〜5歳児

1番

① まーえに だーして
② トントントン
③ ひっこめて ひっこめて

片手ずつ、手を前に出す。

3回手をたたく。

片方ずつ、ひじを曲げてひっこめる。

手あそび名人への道　いつ!? どのように!?

★集会や降園前に
　手軽に楽しめる手あそびです。集会や降園前など、この手あそびで楽しくきちんと並べるようになるでしょう。「前の友だちとぶつからないかな？」「広すぎないかな？」とことばがけしましょう。もちろん、普段でもゲーム感覚で楽しめます。

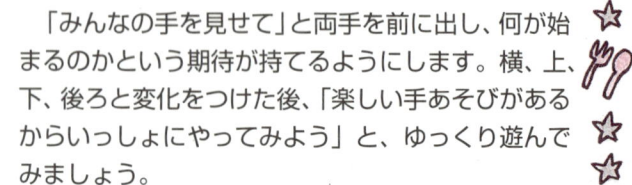

★手あそびに入る前には
　「みんなの手を見せて」と両手を前に出し、何が始まるのかという期待が持てるようにします。横、上、下、後ろと変化をつけた後、「楽しい手あそびがあるからいっしょにやってみよう」と、ゆっくり遊んでみましょう。

出してひっこめて

④ トントントン

⑤ まーえに だして
トントントン
ひっこめて ひっこめて
トントントン
①～④を繰り返す。

3回手をたたく。

2番

① うーえに うーえに

② トントントン

③ しーたに しーたに

片方ずつ、手を上にあげる。

頭の上で3回手をたたく。

片方ずつ、手を下にさげる。

④ トントントン

⑤ うーえに うーえに
トントントン
しーたに しーたに
トントントン
①～④を繰り返す。

下で3回手をたたく。

年齢別アレンジ

★**低年齢児には**
子どもをひざの上にのせ、向かい合って遊びましょう。"トントントン"ではリズムよくはずみましょう。

★**3～5歳児には**
全身を使って遊んでみましょう。1番 ①"まえにだして"の部分は前に2回ジャンプ、②"トントントン"は手拍子を3回、③"ひっこめて ひっこめて"は、後ろに2回ジャンプします。左右にジャンプしたり、立ったり座ったりと変化をつけてみましょう。

生活の手あそび
おべんとうばこのうた

3〜5歳児

わらべうた　編曲：植田光子

これっ くらい の　おべんと ばこ に　おに ぎり おに ぎり
ちょいと つめ て　きざ ー み しょう がに　ごま しお ふっ て
にん じん さん　ご ぼ う さん　あ な の あい た
れん こん さん　すじ の と おっ た ふ ー き

①これっくらいの おべんとばこに
両手の人さし指でお弁当箱の形を2回描く。

②おにぎり おにぎり
おにぎりを握るしぐさをする。

③ちょいと つめて
おにぎりをお弁当箱に詰めるしぐさをする。

手あそび名人への道　いつ!? どのように!?

★園外保育やお弁当の時間などに
みんなでおいしいお弁当をつくってみましょう。「お弁当箱の大きさは？」「おかずは何がいいかな？」など、子どもたちと楽しく会話をしながら進めていきましょう。話が盛り上がってきたら、早速手あそびに挑戦！お弁当の時間が楽しくなります。

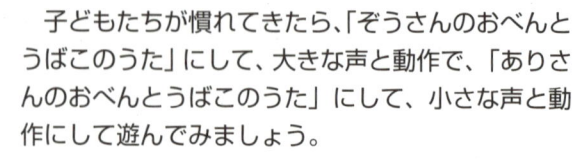

★大小の変化をつけて
子どもたちが慣れてきたら、「ぞうさんのおべんとうばこのうた」にして、大きな声と動作で、「ありさんのおべんとうばこのうた」にして、小さな声と動作にして遊んでみましょう。

おべんとうばこのうた

④ きざみしょうがに
左手をまな板に、右手を包丁に見たて、切るしぐさをする。

⑤ ごましおふって
両手でごま塩を振りかけるしぐさをする。

⑥ にんじん さん
両手の人さし指と中指を立てて、次に薬指も立てる。

⑦ ごぼう さん
両手を開いて「5」を出し、次に⑥と同様「3」を出す。

⑧ あなのあいた
両手の人さし指と親指で丸を作り、目に当てる。

⑨ れんこん さん
⑧を胸の前までおろし、⑥と同様「3」を出す。

⑩ すじの とおった
左手で右手首から肩までなで、口のあたりまで持っていく。

⑪ ふーき
左手を口に当てて「ふーっ」と吹く。

年齢別アレンジ

★低年齢児には
ひざの上に子どもをのせたり、または、向かい合って床に座り、手あそびをいっしょに楽しみましょう。

★4〜5歳児には
パネルシアターでそれぞれのお弁当を作ってみましょう。「何が入っているかな？」「どんなふうに飾りつけようかな？」とことばがけをしながら、つくっていきましょう。3歳児には、保育者がパネルシアターを作るとよいでしょう。

※※※ 生活の手あそび ※※※
おべんとう

作詞：天野蝶　作曲：一宮道子　編曲：植田光子

♩=120

（楽譜：♪にならない!!）

1. お べ ん と お べ ん と う れ し い な お て て も き れ い に
2. お べ ん と お べ ん と う れ し い な な ん で も た べ ま しょ

な り ま し た み ん な そ ろ っ た ら ご あ い さ つ
よ く か ん で み ん な そ ろ っ た ら ご あ い さ つ

1番

① おべんとおべんと うれしいな 
8回手拍子をする。

② おててもきれいに なりました 
両手を左右に振る。

③ みんな そろって 
両手をひざに置く。

④ ごあいさつ 
おじぎをする。

2番
1番の①〜④と同じ。

🕐 手あそび名人への道 いつ!? どのように!?

★お弁当や給食を食べる前に
「いただきます」のあいさつにつながります。食事前には排泄や手洗い、うがい、お弁当の準備など、みんなで確認していきましょう。みんなで楽しく食事ができるように元気よくうたいましょう。

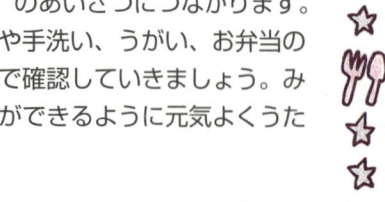

年齢別アレンジ

★低年齢児には
子どもの目の前に座り、いっしょにうたってみましょう。

★4〜5歳児には
食べる前には「いただきます！」、食べた後には「ごちそうさまでした！」のあいさつの言葉を伝えるようにしましょう。

生活の手あそび
はをみがきましょう

作詞・作曲：則武昭彦　編曲：植田光子

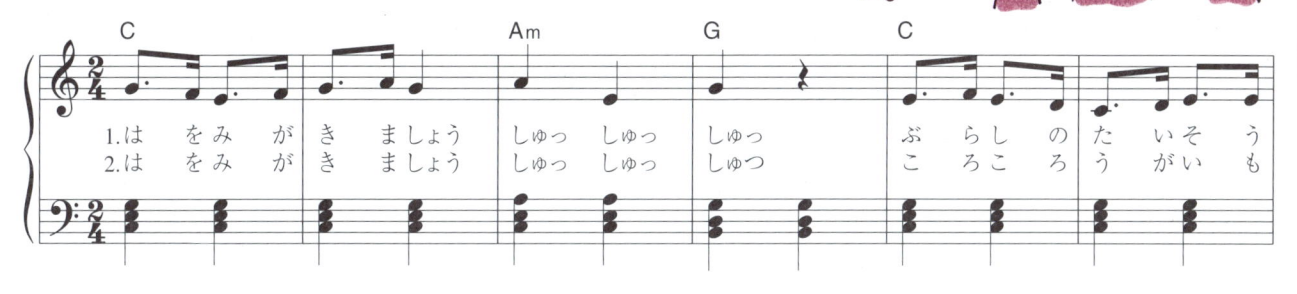

3～5歳児

1. は を み が き ま しょう　しゅっ しゅっ しゅっ　ぶ ら し の た い そ う
2. は を み が き ま しょう　しゅっ しゅっ しゅっ　こ ろ こ ろ う が い も

お いちに ほらね　お いちに ほらね　じょうぶな はになれ　しゅっ しゅっ しゅっ
　　　　　　　　　　　　　　　　　ましろい はになれ　しゅっ しゅっ しゅっ

1番
① はをみがきましょう — 拍手をする。
② しゅっしゅっしゅ — 右手を上下に動かして歯を磨くしぐさをする。
③ ブラシのたいそう — 拍手をする。
④ おいちにおいちに — 手を大きく上下させる。
⑤ じょうぶな はになれ — 拍手をする。
⑥ しゅっしゅっしゅ — ②と同じ。

2番
①②③⑤⑥のしぐさは、(1番)と同じ。
④ほらね ほらね　首を右に1回、左に1回曲げる。

手あそび名人への道　いつ!? どのように!?

★歯磨きの習慣づけや、歯科検診前などに
　歯は物を食べたり話をしたりするのにとても大事なものだということを知らせます。歯磨きをすることで、80歳まで20本の歯を残せるよう虫歯のない丈夫な歯をめざしましょう。
　手を歯ブラシに見たて、「みんなで歯みがき　いち・に・いち・に!!」

年齢別アレンジ

★低年齢児には
　子どもをひざの上にのせ、向かい合って手をとり、遊びましょう。
★4～5歳児には
　画用紙やいろいろな材料を使い、口を大きく開けた動物の顔と歯ブラシを作って、遊んでみましょう。

生活の手あそび
はみがきのうた

作詞・作曲：阿部直美　編曲：植田光子
振付：阿部直美

3〜5歳児

歌詞：
はみがき シュッ シュッ／あぶく ぶく／むし ば なんかに ならないよ
はみがき シュッ シュッ／あぶく ぶく／いちごのあじの／はみがきだ
シュッシュ ブクブク／はをみがこう／ひかるよ しろい／げんき な は

手あそび名人への道　いつ!?　どのように!?

★歯磨きを習慣づけるときや、歯科検診前などに
　歯磨きのあとはしっかりうがいをします。昼食後にすすんで歯磨きができるよう、楽しくうたってみましょう。

★手あそびに入る前には
　指を一本前に出し、「歯ブラシに変身！」「さあ、みんなで歯磨きの練習をしてみましょう！」「ピカピカきれいに磨けるかな？」「だれが上手かな？」とことばがけをして始めましょう。

はみがきのうた

♪生活

①はみがきシュッシュッ あぶくぶく 
人さし指を歯ブラシに見たて、左右に動かし歯を磨くしぐさをする。

②むしばなんかに ならないよ 
8回手をたたく。

③はみがきシュッシュッ あぶくぶく 
①と同じ。

④いちごのあじの はみがきだ 
②と同じ。

⑤シュッシュッ ブクブク 
人さし指を横にしたまま、上下に動かす。

⑥はをみがこう 
4回手をたたく。

⑦ひかるよ しろい 
両手をキラキラさせる。

⑧げんきな 
ガッツポーズをする。

⑨は 
頭の上で両手をキラキラさせる。

年齢別アレンジ

★低年齢児には
子どもをひざの上にのせ、向かい合って遊びましょう。子どもの手をとり、子どもの口元で磨く動作をしたり、保育者の口元に持ってきたりして、お互いに磨き合いをしてみましょう。

★3〜5歳児には
画用紙やいろいろな材料を使い、口を大きく開けた動物の顔と歯ブラシを作ります。保育者といっしょに歯ブラシを持ち、遊んでみましょう。3歳児には、保育者が歯ブラシを作ってあげましょう。

生活の手あそび
おててをあらいましょう

作詞・作曲：不詳　編曲：植田光子

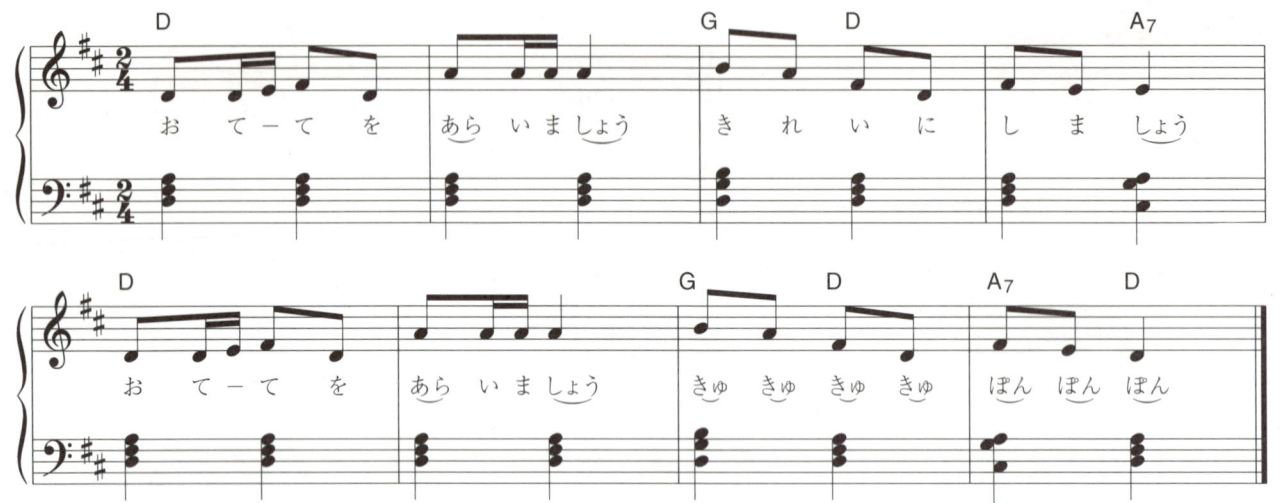

2〜5歳児

お　てー　て　を　／　あ　ら　い　ま　しょう　／　き　れ　い　に　／　し　ま　しょう
お　てー　て　を　／　あ　ら　い　ま　しょう　／　きゅ　きゅ　きゅ　きゅ　／　ぽん　ぽん　ぽん

①おててを あらいましょ
両手を左右に振る。 

②きれいにしましょ
両手を合わせて、手を洗うしぐさをする。

③おててを あらいましょ
①と同じ。

④きゅきゅきゅきゅ
②と同じ。

⑤ぽんぽんぽん
手をたたく。

手あそび名人への道 いつ!?どのように!?

★**手洗いの大切さを知らせるきっかけに**
　手洗いはどんなときに必要なのか（遊んだ後、排泄の後、食事の前など）子どもたちに聞いてみましょう。手を洗うことで、手についたバイキンを落としたり、病気の予防をしたりします。
　歌に合わせて、元気よく楽しく手あそびをしてみましょう。

年齢別アレンジ

★**低年齢児には**
　子どもをひざの上にのせ、手を洗うしぐさをいっしょにしてみましょう。

★**4〜5歳児には**
　きれいに洗い終えた後も、大きな声でうたいましょう。きれいに洗えた自信と安心感にもつながるでしょう。

生活の手あそび
とんでけバイキン

作詞・作曲：おざわたつゆき　編曲：植田光子

2〜5歳児

歌詞：
おててを ごしごし おててを ごしごし
バイキン バイキン とんでいけ
きれいに なーーった

①おててをごしごし　おててをごしごし
両手を合わせて、手を洗うしぐさをする。 

②バイキン バイキン
4回手をたたく。

③とんでいけ
片方ずつ手のひらを開きながら、勢いよく上にあげる。

手あそび名人への道 いつ!?どのように!?

★手洗いをするきっかけに
　小さい子でも自分から手洗いをするきっかけになる楽しい手あそびです。なぜ手洗いをするのか、話し合ったり年齢によっては保育者が知らせたりしていきましょう。
　手洗いのまねっこあそびから、手洗いを意識できるようになります。

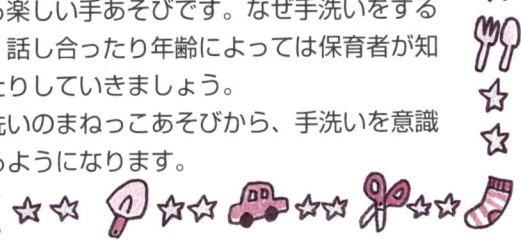

年齢別アレンジ

★低年齢児には
　子どもの手をもち、いっしょに楽しんでみましょう。

★4〜5歳児には
　「つめの中も洗えたかな？」「指の間もごしごししたかな？」「手首もきれいになったかな？」と、細かいところも意識させていきましょう。

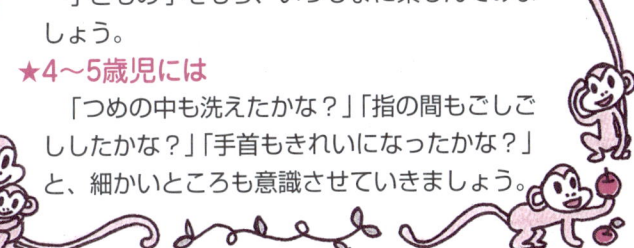

✱✱✱生活の手あそび✱✱✱
せんたくハンカチ

3〜5歳児

作詞・作曲：阿部直美　編曲：植田光子
振付：阿部直美

1番 ♩=120　2番 ♩=78　3番 ♩=130

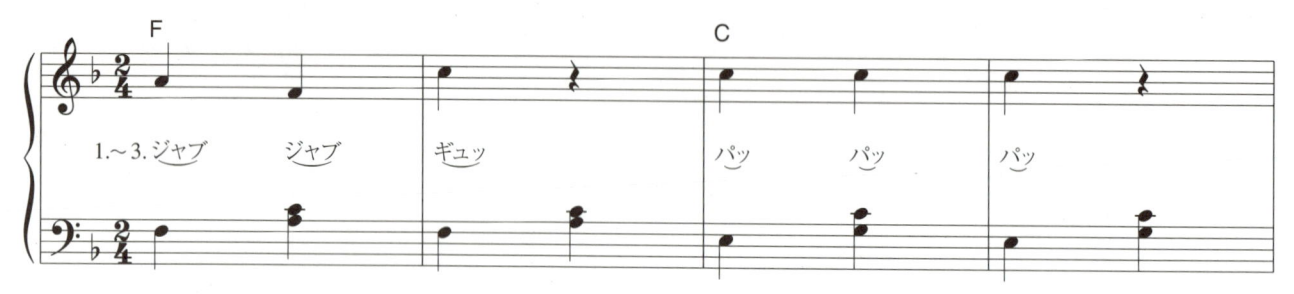

[楽譜]

歌詞：
1.〜3. ジャブ　ジャブ　ギュッ　パッ　パッ　パッ

ハンカチ　ハンカチ　ほした　―
ハンハン　カカ　チチ　ほし　た　―
ハン　カ　チ　ほし　た　―

ちいさな　かぜが　きた
おおきな　かぜが　ふいた
「わあ　つめたい　ふうだ」

手あそび名人への道　いつ!? どのように!?

★手あそびに入る前には

ハンカチを使ったあそびです。ハンカチを持って来るよう意識づけができます。

「ポケットにハンカチ入ってるかな？ 今日はハンカチを使って楽しいあそびをします。ハンカチを出してね」など、話をしながらハンカチを広げ、「こんなことできるかな？」と、ゆらゆら揺らしたりしぼったりして、子どもたちの関心を高めましょう。

せんたくハンカチ

1番 ※普通の速さで行ってみましょう。

①ジャブジャブ ギュッ

ハンカチを洗ってしぼるしぐさをする。

②パッパッパッ

ハンカチを開いて3回振る。

③ハンカチほした ちいさなかぜがきた

ハンカチの端を持って、小さく揺らす。

2番 ※ゆっくりと行ってみましょう。

①ジャブジャブ ギュッ

1番の①と同じ。

②パッパッパッ

1番の②と同じ。

③ハンカチほした おおきなかぜがきた

ハンカチを大きく前後に揺らす。

3番 ※少し速めに行ってみましょう。

①ジャブジャブ ギュッ

1番の①と同じ。

②パッパッパッ

1番の②と同じ。

③ハンカチほした 「わぁーたいふうだー」

片手にハンカチを持って、頭上で大きく振りまわす。「わぁーたいふうだー」と元気よく言う。

年齢別アレンジ

★低年齢児には

子どもと向かい合います。保育者がハンカチを子どもの顔の前にもっていき、"いないいないばあ"のようにして遊んでみましょう。

★4〜5歳児には

○「春の風がきたよ」「秋の風がきたよ」「あったかい風だよ」など、いろんな風を表現してみましょう。
○ハンカチを持たずに、子ども自身がハンカチになって、身体をねじったり、揺れたりしてみるのも楽しいでしょう。

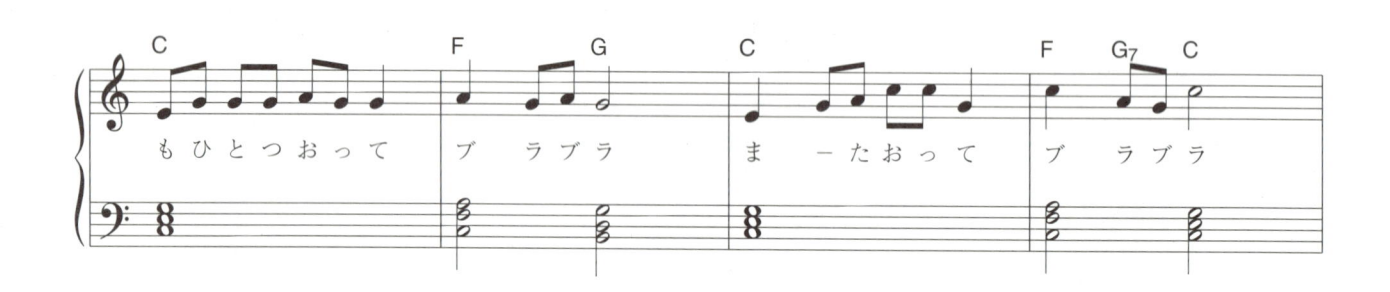

生活の手あそび
ハンカチブランコ

3〜5歳児

作詞・作曲：まき・ごろう　編曲：植田光子

（楽譜）

歌詞：
ハンカチのブランコ　ブラブラ　ふたつにたたんで　ブラブラ
もひとつおって　ブラブラ　まーたおって　ブラブラ
もひとつおったら　できあがり　ポケットにいれましょ

手あそび名人への道　いつ!?　どのように!?

★ **きれいにたたむことの意識づけを**
　ハンカチをきれいにたたんでポケットに入れることが意識づけできる、ハンカチあそびです。
　手洗いの後にうたいながらたたんで、楽しく習慣づけするとよいでしょう。

★ **手あそびに入る前には**
　「毎日、みんなのおかばんの中には何が入っているかな？」と言って、思いついたまま答えてもらいましょう。いろいろなものが出てきて、楽しくなりますよ。ハンカチが出てきたら「きれいにハンカチをたためるか、みんなでやってみよう！」のことばがけで始めてみましょう。

ハンカチブランコ

①ハンカチのブランコ ぶーらぶら 
広げたハンカチの両端をつまんで、前後に揺らす。

②ふたつにたたんで 
両端を前に持っていき、指を折り目のところに入れる。

③ぶーらぶら 
人さし指と親指でつまんで「ぶーらぶら」と揺らす。

④もひとつおって ぶーらぶら 
半分にたたんで、折り目のところに指を入れて揺らす。

⑤またおって ぶーらぶら 
さらに小さくたたんで、今度は人さし指だけにぶら下げて揺らす。

⑥もひとつおったらできあがり 
たたんで小さくなったハンカチを片手でつまんで、上にあげて見せる。

⑦ポケットにいれましょ 
ポケットに入れる。

年齢別アレンジ

★低年齢児には
子どもをひざの上にのせ、いっしょにやってみましょう。

★4〜5歳児には
〇大きなハンカチの動作は、ゆっくりとしたテンポで。また、「ありさん」のような小さなハンカチの動作もかわいくて楽しいでしょう。
〇ハンカチの他にも、服や帽子もうたいながら楽しくたたんでいきましょう。

生活の手あそび
おやすみまえのうた

作詞・作曲：植田光子

2〜5歳児

[おとうさん] ゆび ねんね ゆめを みて おやすみなさい

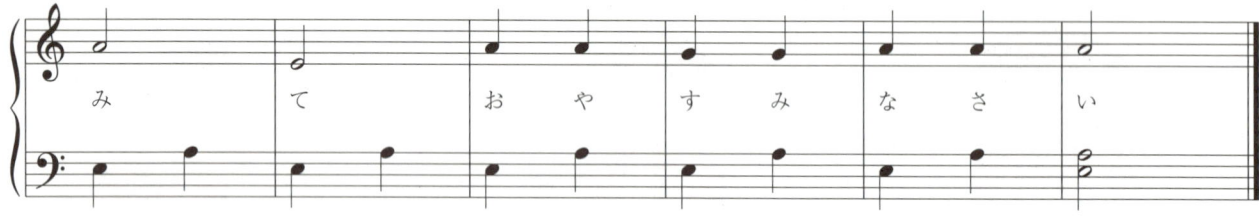

①[おとうさん]ゆび ねんね
親指を折る。 

②ゆめをみて おやすみなさい
親指を軽くたたく。

[　]に、おかあさん、おにいさん、おねえさん、あかちゃんを入れて繰り返しうたい、順に指を折っていく。

最後は握りこぶしになった手を、反対の手でやさしく包み込む。

手あそび名人への道 いつ!? どのように!?

★おやすみの前に
午睡時にぴったりの歌でしょう。1本1本の指を触りながら、また呼びかけるように声をかけましょう。繰り返しのリズムを、ゆったりと眠りに誘い込むようにうたっていきましょう。

年齢別アレンジ

★乳児には
乳児の場合は、保育者に抱っこしてもらいながら、ゆっくりと身体を揺らしてもらう安心感が心地よい歌です。保育者に手を包み込まれたら、その温もりで眠りにつけるでしょう。

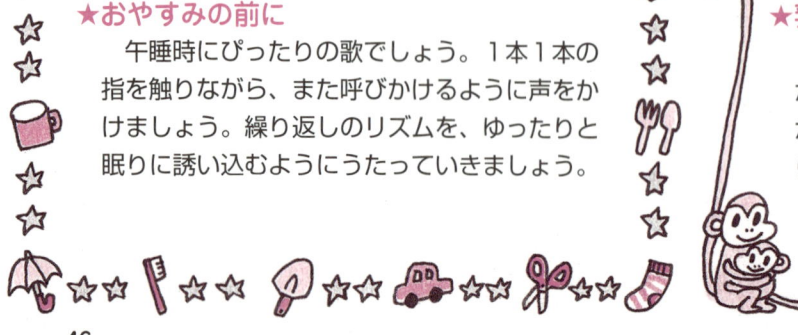

2 季節＆行事の手あそび

春・夏・秋・冬を感じられる手あそびを集めました。
移り変わる四季を、子どもたちといっしょに味わってください。

季節&行事の手あそび
拍手をプレゼント

作詞・作曲：阿部直美　編曲：植田光子
振付：阿部直美

3〜5歳児

歌詞：
おたんじょうび おめでとう すてきなはくしゅを プレゼント リボンをかけて プレゼント パチパチパチ パチパチパチ パチパチパチパチパチパチ おめでとう

① おたんじょうびおめでとう すてきなはくしゅを プレゼント
みんなで手をつなぎ、リズムに合わせて身体を振る。 

② リボンをかけて プレゼント 
空中に自由にリボンの形を2回描く。

③ パチパチパチ パチ パチパチ パチパチ パチパチパチパチ 
曲に合わせて拍手する。

④ おめでとう
誕生児に向かって、両手でキラキラする。

手あそび名人への道　いつ!?どのように!?

★**お誕生日に**
お誕生日にはぜひうたってあげましょう。その月のお誕生日の子どもは手を上げて、みんなに知ってもらうとうれしくなります。

★**誕生の喜びを伝える**
赤ちゃんが生まれた話や子イヌ、子ネコの話にも触れ、元気に誕生した喜びを伝えましょう。

年齢別アレンジ

★**低年齢児には**
子どもと向き合い、手をとって遊びましょう。

★**3〜5歳児には**
"パチパチ…" の数を変えて、保育者の合図で "おめでとう" を言うと、変化があって楽しいでしょう。最後には、祝ってくれた友だちに "ありがとう" を忘れずにね。

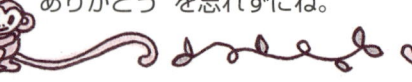

季節&行事の手あそび
おはながさいた

作詞・作曲：植田光子

3〜5歳児

季節&行事

1回目

① 〔おはなが〕さいた

両手をつぼみのようにして、手を合わせながらうたう。

② きれいにさいた

両手を開いて花びらのように大きく広げる。

③（保育者）「何のお花が咲いたのかな？」
（子ども）「チューリップ」

保育者の問いかけに答えて花の名前を言う。

2回目

1回目の③で子どもが答えた花の名前〔　〕を入れてうたう。

手あそび名人への道　いつ!?どのように!?

★花が咲く時期に
　花の名前を覚えるのが楽しみになるでしょう。保育者の問いかけに、「さくら」「カーネーション」「ひまわり」など口々に答えてくるでしょう。何種類かの花の名前が出たら、保育者はひとつひとつその名前を取り上げて、みんなでいっしょに言うようにしましょう。

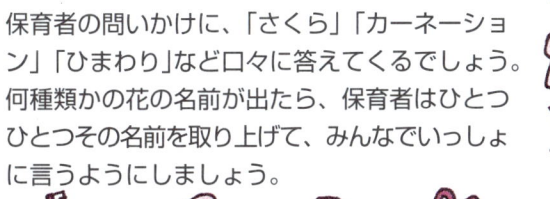

年齢別アレンジ

★低年齢児には
　ゆったりと揺れて、花が咲いた気分でうたいましょう。

★4〜5歳児には
　問いに答えた花の名前でどんどんうたっていきましょう。鍵盤楽器で伴奏に挑戦してもいいですね。

季節&行事の手あそび
春ですよ！ 春ですよ！

作詞・作曲：谷口國博　編曲：植田光子
振付：谷口國博

3〜5歳児

歌詞：
1.〜5. はるですよ　はるですよ　おはなが｛あたまに／おくちに／あたまに／おへそに／おしりに｝さきました　いち　に　さん　ぱっ

1番

①はるですよ　はるですよ　おはながあたまにさきました  
手拍子をする。

②いち に さん 
両手で指を1本、2本、3本と立てる。

手あそび名人への道 いつ!? どのように!?

★春を感じながら
　春にぴったりの手あそびです。「春の風がやさしく吹いてきました。きれいなお花もその風が運んでくれたらいいわね。」とことばがけし、窓を開けて風を入れてみましょう。子どもたちそれぞれの春の感じ方を聞いてみるのもいいですね。

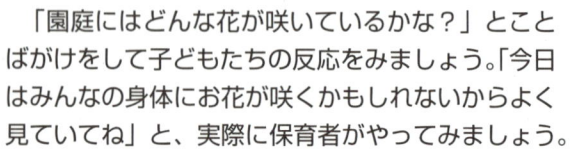

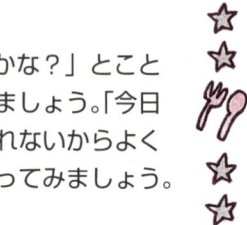

★手あそびに入る前には
　「園庭にはどんな花が咲いているかな？」とことばがけをして子どもたちの反応をみましょう。「今日はみんなの身体にお花が咲くかもしれないからよく見ていてね」と、実際に保育者がやってみましょう。

春ですよ! 春ですよ!

③ぱっ

顔の上で両手をぱっと広げる。

2番
①はるですよ　はるですよ
　おはながおみみにさきました
②いち に さん
　1番の①②と同じ。
③ぱっ

片方の耳のところで両手をぱっと広げる。

3番
①はるですよ　はるですよ
　おはながおくちにさきました
②いち に さん
　1番の①②と同じ。
③ぱっ

口のところで両手をぱっと広げる。

4番
①はるですよ　はるですよ
　おはながおへそにさきました
②いち に さん
　1番の①②と同じ。
③ぱっ

へそのところで両手をぱっと広げる。

5番
①はるですよはるですよ
　おはながおしりにさきました
②いち に さん
　1番の①②と同じ。
③ぱっ

おしりのところで両手をぱっと広げる。

年齢別アレンジ

★低年齢児には
　子どもと向かい合わせで立ったり、子どもをひざの上にのせたりします。"ぱっ"のところで、保育者が子どもの身体のいろいろな部分に花を咲かせていきましょう。

★4〜5歳児には
　やさしい風、ふわふわでゆっくりな風、いじわるそうな風、強い風のように、表情を変えて動作をしてみましょう。

季節&行事の手あそび
小さな庭

作詞・作曲不詳　編曲：植田光子

3〜5歳児

(楽譜)

1. ちいさなにわを
2. ちゅうくらいのにわを
3. おおきなにわを
よくたがやして
ちいさなたねを
ちゅうくらいのたねを
おおきなたねを
まきました

ぐんぐんのびて　はるになって
ちいさなはなが
ちゅうくらいのはなが
おおきなはなが
さきました　ポッ！
さきました　ホワ！
さきました　ワッ！

1番

①ちいさなにわを 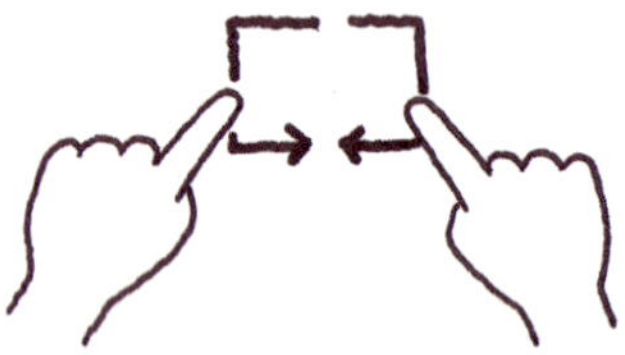
両手の人さし指で、小さな四角を描く。

②よくたがやして
人さし指を曲げたり伸ばしたりしながら左から右へ波形を描いていく。

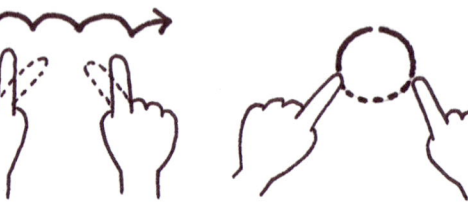

③ちいさなたねを
人さし指で小さな円を描く。

④まきました 
左手のひらから右手で種をつまんで、まくしぐさを2回する。

手あそび名人への道　いつ!?どのように!?

★園庭で遊ぶときや園外保育などに
　花の種植えや苗植えの時にもうたってみましょう。「今日は園の庭にお花を咲かせてみようか」などとことばがけして、庭の広さを手で表現し、花を植えるときの行程を子どもたちと考えてみます。土を耕す、種を植えるイメージがもてたところで、手あそびをしてみましょう。

年齢別アレンジ

★低年齢児には
　子どもをひざの上にのせ、手をとって遊びましょう。最後の表情を大げさにするととても喜びますよ。

★4〜5歳児には
　花以外に果物や野菜を入れてみましょう。"何のたね"か、初めに決めてからうたいましょう。

小さな庭

⑤ぐんぐんのびて 
両手を合わせ、左右に振りながら、下から上へあげていく。

⑥はるになって 
両手を頭の上から左右にひらひらさせながらおろす。

⑦ちいさなはながさきました 
両手首をくっつけて、小さなつぼみを作る。

⑧ポッ！ 
両手首をくっつけたまま、指の先を少しあける。

2番

①ちゅうくらいのにわを 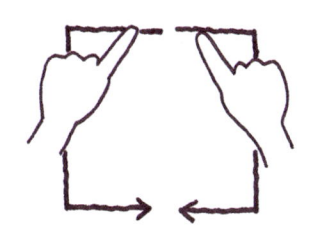
両手の人さし指で、中くらいの四角を描く。

②よくたがやして 
4本の指を細かく動かす。

③ちゅうくらいのたねを
④まきました
⑤ぐんぐんのびて
⑥はるになって
⑦ちゅうくらいのはながさきました
1番の②〜⑦の動作を大きめにする。

⑧ホワ！ 
両手首を離して、大きく指を開く。

3番

①おおきなにわを 
両腕で大きな四角を描く。

②よくたがやして 
くわを持って耕すしぐさをする。

③おおきなたねを 
両腕で大きな円を描く。

④まきました 
大きな種を持ちあげて地面におくしぐさをする。

⑤ぐんぐんのびて 
しゃがんで両手を合わせ、身体を左右にくねらせながら立ち上がる。

⑥はるになって 
1番の⑥と同じ。

⑦おおきなはながさきました 
両手を頭の上で合わせ、大きなつぼみをつくる。

⑧ワッ！ 
両手を上に高くあげる。

季節&行事

季節&行事の手あそび
とけいのうた

作詞：筒井啓介　作曲：村上太郎　編曲：植田光子

3〜5歳児

（楽譜）

1. コチコチカッチン　おとけいさん　コチコチカッチン　うごいてる
   こどもの　はりと　おとなの　はりと　こんにちは　こんにちは
   さようなら　コチコチカッチン　さようなら
2. コチコチカッチン　おとけいさん　コチコチカッチン　うごいてる
   こどもが　ピョコリ　おとなが　ピョコリ　こんにちは　こんにちは
   さよう　なら　コチコチカッチン　さようなら

手あそび名人への道 いつ!? どのように!?

★時の記念日に
時の記念日にうたってみましょう。
時計には短い針と長い針、それから秒針があり、実際に時計を見ながら子どもたちと話をするとわかりやすいです。

★手あそびに入る前には
「短い針と長い針が出会うと『こんにちは』のごあいさつ。それでは別れるときは何と言うのかな？」などクイズを出し、時計に興味がわくようにしてみましょう。

とけいのうた

① コチコチカッチン　おとけいさん
　コチコチカッチン　うごいてる

両手を振り子のように左右に振る。

② こどものはりと おとなのはりと

片手ずつ上に手をあげて、両手を合わせる。

③ こんにちは

そのまま両手をさげておじぎをする。

④ さようなら

片手を振る。

⑤ コチコチカッチン

両手を振り子のように左右に振る。

⑥ さようなら

④と同じ。

年齢別アレンジ

★低年齢児には
　子どもをひざの上にのせ、時計の振り子のように左右に揺れてみましょう。

★4〜5歳児には
　大きな時計は大きな動作で、小さな時計は小さな動作で表情豊かにうたいましょう。大きな動作のときは、ゆっくりとしたリズムで大げさに。小さな動作のときは、やや速いリズムで細かく動いてみましょう。
　順番に、子どもたちのお家の時計でうたってもらうのも楽しいでしょう。

季節&行事

季節&行事の手あそび
みずあそびチャプチャプ

作詞・作曲：植田光子

2〜5歳児

歌詞：
みずと おあそび たのしいな
あしと おててを チャップ チャップ チャップ
つめたい ワクワク
みずと おあそび たのしいな

手あそび名人への道　いつ!?どのように!?

★水あそびの季節に
"みずと"の歌詞を、"プールで""うみで"などと場所を示してあげてもよいでしょう。その時々の環境に合わせて、使い分けてみましょう。

★手あそびに入る前には
保育者は水の感触について、夢がふくらむように話してあげましょう。"ワクワク"・"ドキドキ"・"ソワソワ"として、早く水に触れたくなるように…。

みずあそびチャプチャプ

① みずと おあそび たのしいな 
手拍子を8回する。

② あしと 
足踏みを2回する。

③ おててを 
手拍子を2回する。

④ チャップチャップチャップ 
両手首を上下に3回振る。

⑤ つめたい 
片手ずつ胸の前で交差させる。

⑥ ワクワク 
胸の前で交差させたまま、肩を2回上下させる。

⑦ みずと おあそび たのしいな 
手拍子を8回する。

年齢別アレンジ

★低年齢児には
　手をとってリズミカルにうたってあげましょう。また、水に慣れるためじょうろで遊びながらうたってあげると、早くプールあそびを楽しめるようになります。

★4〜5歳児には
　速度に変化をつけましょう。うれしそうなテンポと、こわごわと不安そうなゆっくりとしたテンポの違いが表情の違いにも通じ、盛り上がっていくでしょう。

季節&行事の手あそび
じゅんびたいそう

作詞・作曲：植田光子

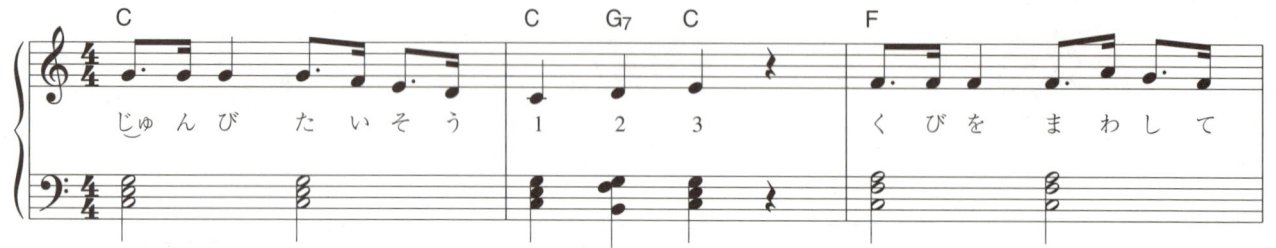

2〜5歳児

(楽譜)

歌詞：
じゅんび たいそう　1 2 3　くびを まわして　1 2 3　ひざを まげて　(こどもだけでうたう)　うでを まわし　(こどもだけでうたう)　みんな でたいそう　しましょう　ハーイ

手あそび名人への道　いつ!? どのように!?

★身体を動かす前に
　身体を動かす時の導入として、しぜんにうたい始めてみましょう。テンポは年齢にもよりますが、ゆっくりめで行いましょう。目的はリズミカルに身体の一部分を動かすことなので、あまり速すぎると子どもは無理をしてしまいます。

★テンポに注意して
　注意するところは、早くプールに入りたがったり運動をしたがったりと、気持ちだけが先行してテンポが速くなっていき、無理な動作や姿勢にならないようにしましょう。

じゅんびたいそう

①じゅんびたいそう1、2、3
両手を腰に当て、2拍ずつ左右に4回揺れる。

②くびをまわして1、2、3
両手はそのままで首を回す。(年中・年長児は左右まわりで2回)

③ひざをまげて
2拍ずつひざの曲げ伸ばしを4回する。

④うでをまわし
2拍ずつ腕回しを4回する。

⑤みんなでたいそうしましょう
①と同じ。

⑥ハーイ
最後はみんなで元気よく「ハーイ」とお返事をする。

一度うたい終えたら保育者のことばがけで、身体の部分動作をしてみましょう。
（例）「手首をぶらぶらさせてみましょう！」
「手を高く上げて背伸びをしてみましょう！」
「ひざの曲げ伸ばしをしてみましょう！」
「腰を前に曲げたり、後ろにそらせたりしてみましょう！」
「足を高くあげましょう！」etc.

保育者のことばがけの部分動作を終えたら、再びみんなでこの歌をうたいながら身体を動かしてみましょう。

年齢別アレンジ

★低年齢児には
保育者は抱っこしてリズミカルに身体を揺らしてみましょう。"ひざをまげて"の時だけ抱っこしたまま腰を低くしてみましょう。

★4〜5歳児には
年長児でも決して急がないようにしましょう。しかし、首まわしは左右に分けてできるでしょう。"くびをまわして1・2・3"を"手首をブラブラ…"、"足をあげて…"と言葉をかえても楽しいでしょう。

季節&行事の手あそび
山ぞくのうた

作詞：田島弘　作曲：小島祐喜　編曲：植田光子

4～5歳児

あ め（あめ）が ふれ ば（がふれば）お がわ（おがわ）が でき る（ができる）か ぜ が（かぜが）ふ け ば（ふけば）や ま が（やまが）でき ― る（できる）

ヤッ ホー（ヤッホー）ヤッホホ ホ（ヤッホホホ）たのし い（たのしい）とこー ろ（ところ）ヤッ ホー（ヤッホー）ヤッホホ ホ（ヤッホホホ）たのし い（たのしい）と こ ろ（ところ）
ウッ シ（ウッシ）ウッシシ シ（ウッシシシ）さみし い（さみしい）とこー ろ（ところ）ウッ シ（ウッシ）ウッシシ シ（ウッシシシ）さみし い（さみしい）と こ ろ（ところ）

手あそび名人への道　いつ!?どのように!?

★お泊まり保育やキャンプファイヤーなどに掛け合いを楽しむ歌です。
「掛け合いって知っていますか？　先生がうたったらそのあと同じようにうたうことよ。楽しい歌があるから、ちょっとうたってみようか」など、ことばがけをしながら進めていきましょう。

年齢別アレンジ

★低年齢児には
子どもをひざの上に抱き、ひざでリズムをとりながら遊びましょう。
★4～5歳児には
初めは保育者のまねをしてついていきますが、できるようになったら、山びこのように2グループに分けて、掛け合いを楽しみましょう。

山ぞくのうた

1番

①あめ（あめ） 
体の前で両手のひらを下に向けて、上から下へふりおろす。

②がふれば（がふれば） 
両手を腰に当てて胸をはり、いばった姿勢をする。

③おがわ（おがわ） 
両手を前で左から右へ（右から左へ）波形にふる。

④ができる（ができる） 
②と同じ。

⑤かぜが（かぜが） 
両手を高くあげ左右にふる。

⑥ふけば（ふけば） 
②と同じ。

⑦やまが（やまが） 
両手で三角形を作り、山形にする。

⑧できる（できる） 
②と同じ。

⑨ヤッホー（ヤッホー） 
左手を口もとへあて、山びこをする時のしぐさをする。

⑩ヤッホホホ（ヤッホホホ） 
右手で⑨と同じ。

⑪たのしい（たのしい） 
左手を腰にあて、右手はひじから上にあげ、前後にふる。

⑫ところ（ところ） 
反対の手で⑪と同じ。

2番 ①〜⑧は**1番**と同じ。

⑬ヤッホー（ヤッホー）
ヤッホホホ（ヤッホホホ）
たのしい（たのしい）
ところ（ところ）
⑨〜⑫を繰り返す。

⑨ウッシー（ウッシー）
⑩ウッシシシ（ウッシシシ）
右手（左手）で口をふさぎないしょ話の動作をする。反対の手も同様に。

⑪さみしい 
両手を胸の前でおばけの形にして左右にふる。

⑫ところ 
両手を胸の前で交差させる。

季節&行事の手あそび
おふろやさんに行こう

3〜5歳児

作詞・作曲：阿部直美　編曲：植田光子
振付：阿部直美

(歩くテンポで)

歌詞：
みんなでいこう（いこう） おふろや さん（おふろ） タオルにせっけん（せっけん）
ブラシにシャンプー（シャンプー） ジャブジャブジャブー プクプクプクー ゴシゴシシャワシャワー
ジャブジャブジャブー プクプクプクー ゴシゴシシャワシャワー あついかな ぬるいかな
かきまぜて おふろに はいろう いちにの ザブン

(ゆっくり) / (もとのはやさで)

手あそび名人への道　いつ!?どのように!?

★お泊まり保育に
お泊まり保育で銭湯に行く時や、夏休みや冬休みで旅行に行った時の話から、大浴場をイメージして遊んでみましょう。お風呂が苦手な子どもに、この手あそびで苦手意識がやわらぐように導いてあげられるといいですね。

★手あそびに入る前には
「お風呂屋さんに行ったことある？大きなお風呂があって、たくさんの人が入れるよね」など、銭湯のお話をして興味をもたせます。保育室をお風呂に見立て、「みんなでお風呂やさんに行こう」と誘ってみましょう。

おふろやさんに行こう

① みんなでいこう（いこう）
　おふろやさん（おふろ）
　タオルにせっけん（せっけん）
　ブラシにシャンプー（シャンプー）

歌に合わせて自由に歩き、"いこう"で、右こぶしを上げシュプレヒコールをする。シャンプーのあとリーダーが「3人」などと人数をコールし、子どもたちは、その人数で集まり、輪になる。

② ジャブジャブジャブ

輪の中心を向き、顔を洗うしぐさをする。

③ プクプクプク

頭を洗うしぐさをする。

④ ゴシゴシ シャワシャワー

タオルをたすきがけにして背中を洗うしぐさをする。

⑤ ジャブジャブジャブ プクプクプク ゴシゴシ シャワシャワー

②〜④と同じ。ただし、人数になれなかった人は、輪の人の背中を洗う。

⑥ あついかな ぬるいかな かきまぜて

人数になれなかった人を、ここで輪に入れて、手をつなぎ、右足先、左足先の順で湯につけるしぐさをした後、足で湯をかき混ぜる。

⑨ おふろにはいろう いちにのザブン

つないだ手を前後に揺らし、「ザブン」で全員が輪の中に飛び込んでしゃがむ。

年齢別アレンジ

★ 低年齢児には

子どもをひざの上にのせ、歩くところは子どもの手をもって前後に振り、歌詞に合わせてこすったり顔を洗ったりして遊んでみましょう。

★ 4〜5歳児には

①（　）の合いの手の部分では元気よく声を出しましょう。2グループに分かれて、先にうたう側と手拍子で合いの手を入れる側でうたってみましょう。手拍子はやがて合奏にも発展していきますよ。

季節&行事の手あそび
どんぐりころころ

作詞：青木存義　作曲：梁田貞　編曲：植田光子

2〜5歳児

---

① どん 　— 手拍子を1回する。

② ぐり　— 左手で鼻をつまみ、右手で右耳をつまむ。

③ ころ　— 手拍子を1回する。

④ ころ　— 右手で鼻をつまみ、左手で左耳をつまむ。

⑤ どんぶりこ おいけにはまって さあたいへん
　　どじょうがでてきて こんにちは
　　ぼっちゃんいっしょに あそびま
　①〜④の動作を7回繰り返す。

⑥ しょう　— 手拍子を1回する。

手あそび名人への道　いつ!? どのように!?

★難しさを楽しみゲーム感覚で
　同じ動作を繰り返しながらするあそびですが、右と左の動作を変えるのは思ったより難しいです。ゲーム感覚で楽しみましょう。上手にできなくても、「明日またしようね」と明日のチャレンジにつなげていきましょう。

年齢別アレンジ

★低年齢児には
　手の動作は難しいので、手拍子で楽しくうたいましょう。

★4〜5歳児には
　左手で鼻をつまんだら、腕を交差させて右手で左耳をつまみ、動作を難しくしてみましょう。

季節&行事の手あそび
がたがたバス

日本語詞：志摩桂　外国曲　編曲：植田光子

2〜5歳児

1. がたがた バス がたがた バス はしります はしります
2. がたがた でんしゃ がたがた でんしゃ どこまで いくの どこまで いくの ピッ ポー ポー ピッ ポー ポー

段ボールやフープなどをバスに見たて、音楽に合わせて走る。

低年齢の子どもは、大人のひざの上にのせ、歌に合わせて揺らします。

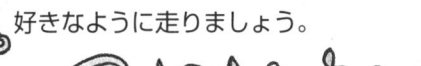

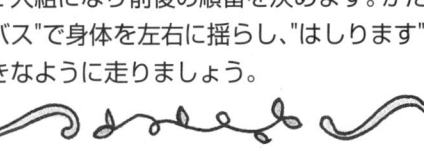

手あそび名人への道　いつ!?どのように!?

★スキンシップを楽しむときに
あそびの中でしぜんとできます。
子どもを抱っこしたりひざの上にのせたりします。「バスに乗ってください、揺れますよ」などとことばがけをして、保育者が歌をうたいながら身体を揺らしてみましょう。

年齢別アレンジ

★低年齢児には
子どもをひざの上にのせ、大きく揺れたり、急に止まったりして遊びましょう。

★4〜5歳児には
2人組になり前後の順番を決めます。"がたがたバス"で身体を左右に揺らし、"はしります"で好きなように走りましょう。

季節&行事の手あそび
バスごっこ

作詞：香山美子　作曲：湯山昭　編曲：植田光子

2〜5歳児

1. おおがたバスに のってます きっぷをじゅんに わたしてね
2. おおがたバスに のってます いろんなとこが みえるので
3. おおがたバスに のってます だんだんみちが わるいので

おとなりへ ハイ おとなりへ ハイ おとなりへ ハイ おとなりへ ハイ
よこむいた アッ うえむいた アッ したむいた アッ うしろむいた アッ
ごっつんこ ドン ごっつんこ ドン ごっつんこ ドン ごっつんこ ドン

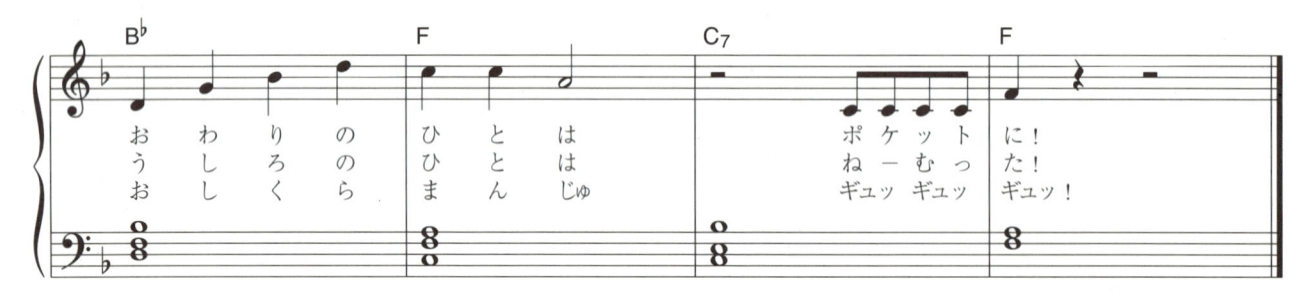

おわりのひとは はは ポケットに！
うしろのひまんじゅ ねーむった！
おしくら ギュッギュッ ギュッ！

手あそび名人への道 いつ!? どのように!?

★バスで行く園外保育のときに
　バスに乗ると不安になる子どもがいます。子どもたちが安心して楽しくバスの中で過ごせるよう、元気にうたってみましょう。
　保育者がうたいながら手あそびを知らせていきましょう。

★お迎えやお帰りのバスの中で
　お迎えやお帰りのバスの中で保育者といっしょにうたって動作をしていると、あっという間に目的地に到着してしまいますよ。

バスごっこ

1番

①おおがたバスに のってます 
両手を軽く握り、ハンドルを動かすしぐさをする。

②きっぷをじゅんに わたしてね 
右手を高く上げ、左右に振る。

③おとなりへ ハイ（4回繰り返す） 
両手で両ひざを3回たたき、となりの人の両ひざを1回たたく。

④おわりのひとは ポケットに 
ポケットに切符を入れるしぐさをする。

2番

①おおがたバスに のってます 
1番の①と同じ。

②いろんなとこが みえるので 
右手左手を交互にひたいに当てて、見るしぐさをする。

③よこむいた ア〜 うしろむいた ア 
歌詞に合わせて横、上、下、後ろを向く。

④うしろのひとは ねーむった！ 
全員で目を閉じ、眠るまねをする。

3番

①おおがたバスに のってます 
1番の①と同じ。

②だんだんみちが わるいので 
肩を上下に動かしたり、左右に揺らしたりする。

③ごっつんこ ドン（4回繰り返す） 
隣の子と頭を軽く4回ぶつけ合う。

④おしくらまんじゅ ギュッギュッギュッ！ 
両ひじを3回締める。

年齢別アレンジ

★低年齢児には
子どもをひざの上にのせて揺らしながらバスに乗っている雰囲気にして遊んでみましょう。

★4〜5歳児には
バスを速く走らせたり、ゆっくり走らせたりしてみましょう。身体を揺らしながら遊んでみましょう。ガタガタ道、高速道路など動きもさまざまですね。
円座になって動作をしても楽しいでしょう。

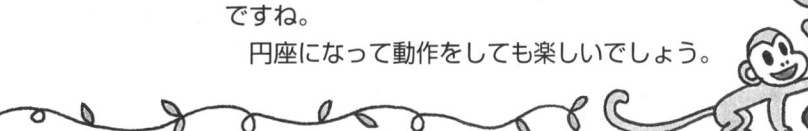

季節&行事

季節&行事の手あそび
トコトコトコちゃん

作詞・作曲：鈴木克枝　編曲：植田光子

3〜5歳児

歌詞：
1.〜4. トコ トコ トコちゃん さんぽして

1番: バナナふんじゃった つっいっち じゃずじゃこ んまんっ ふつふお ナにを ナしムけ バいガい

たたたた　ツルン／オットー／ビヨヨーン／パシャン

1番

① トコトコトコちゃん　さんぽして 
右人さし指、中指を出し、指先を下にして指を足のように動かして自由に歩く。

② バナナふんじゃった 
左手の甲の上を登っていく。

③ ツルン 
左手の甲からすべり落ちる。

手あそび名人への道　いつ!? どのように!?

★ 手あそびに入る前には
「みんなのところにトコちゃんが遊びに来ました。散歩をしているうちに…大変なことになってしまいました」子どもたちに、期待をもたせてから、手あそびに取り組んでみましょう。

★ 発展として打楽器を使う
もし準備ができたら、最後の小節に擬音として、簡易楽器（タンブリン・トライアングルなど）を入れると、さらに表情豊かに表現してくれるでしょう。

トコトコトコちゃん

〔2番〕

①トコトコトコちゃん
　さんぽして

(1番)の①と同じ動きで頭に向かって散歩する。

②いしにつまずいた

頭を石に見たてて、「…た」で頭にぶつかる。

③オットー

右手を頭から大きく飛び上がるように離す。

〔3番〕

①トコトコトコちゃん
　さんぽして

(1番)の①と同じ。

②ガムをふんじゃった

左人さし指、中指の2本と親指をつけたり、離したりして、「…た」で右手をはさむ。

③ビョヨヨーン

左2本と親指の間から、震わすように右手を離す。

〔4番〕

①トコトコトコちゃん
　さんぽして

(1番)の①と同じ。

②いけにおっこちた

左手の腕を丸めて池を作り、「…た」で池のふちに止まる。

③バシャン

池の中に落ちる。そのあとはい出る。

年齢別アレンジ

★低年齢児には
　子どもをひざの上にのせ、向かい合って座ります。保育者が2本指で子どもの腕を上って遊びましょう。

★3〜5歳児には
　トコちゃんが散歩中に踏んだ物を考えてみましょう。
　他にもどんな動作がおもしろいか話し合ってみましょう。すぐにまねしてみたくなりますよ。

季節&行事

季節&行事の手あそび

かたたき

作詞・作曲：阿部直美　編曲：植田光子
振付：阿部直美

2～5歳児

（楽譜）

1. トン　トン　トン　トン　かたたたき　りょうーてそろえて
2. ちょっとだけおおきく
3. ちょっとだけちいさく

トン　トン　トン　かたでトントン　かたでトントン

げんきでいてね　〔おじいちゃん／おばあちゃん〕　いつまでも

手あそび名人への道　いつ!?　どのように!?

★ **敬老の日の集いや保育参観などに**
　敬老の集いや保育参観などに取り入れてみましょう。スキンシップもできて、心の交流につながります。

★ **手あそびに入る前には**
　「肩をたたくととても気持ちいいので、みんなでやってみようか」などとことばがけをして、自分の肩をたたいたり友だちの肩をたたいたりします。
　保育者は"かたたたき"の歌をうたって興味がもてるようにしましょう。

かたたたき

1番

① トントントントンかたたたき

お年寄りの肩を曲に合わせて、右手、左手で交互にたたく。

② りょうてそろえてトントントン

両こぶしをそろえ、曲に合わせてたたく。

③ かたてでトントン

右手で4回たたく。

④ かたてでトントン

左手で4回たたく。

⑤ げんきでいてねおじいちゃん

①に同じ。ただし最後にお互いに顔を見合わせる。

2番 3番

1番 の①〜⑤と同じ動作をするが、
2番 は少し強く、
3番 は少し弱くたたくようにする。

年齢別アレンジ

★低年齢児には

子どもをひざの上にのせ、向かい合って遊びましょう。最後の歌詞、「おじいちゃん、おばあちゃん」のところに、子どもの名前を入れて呼びかけてみましょう。

★4・5歳児には

友だちと2人組になり、肩をたたき合って遊びましょう。
ジャンケンあそびの勝負のあとに取り入れてみましょう。

季節&行事の手あそび
リズムにのって

作詞・作曲：植田光子

2〜5歳児

歌詞：
〔かた〕を たたきましょう 〔かた〕を たたきましょう
やさしく たたきましょう リズムに のって

① 〔かた〕を
自分の肩を4回たたく 

② たたきましょう 
反対の肩を4回たたく

③ 〔かた〕を たたきましょう
①②を繰り返す。

④ やさしく たたきましょう
①②を繰り返す。

⑤ リズムにのって
①②を繰り返す。

手あそび名人への道 いつ!? どのように!?

★雨の日にも
　身体をつかったあそびです。雨で園庭で遊べない時は、屋内で身体あそびをしましょう。
　〔かた〕の歌詞を変えて"トントントン"といろいろなところをたたきます。身体の名前だけでなく物の名前を言ったり、「次はどこをたたこうかな？」とことばがけをして楽しみましょう。

年齢別アレンジ

★低年齢児には
　子どもをひざの上にのせ、手をとって動作の補助をしてあげましょう。

★4〜5歳児には
　2人組になり、いろいろな場所を互いにたたき合って遊びましょう。速度を変えたり行進しても楽しいでしょう。

季節&行事の手あそび
もちつき

わらべうた　編曲：植田光子

2〜5歳児

（楽譜）
ぺったんこ　ぺったんこ　もちつき　ぺったんこ　それつき　かえせ
やれつき　かえせ　もうじき　つけるぞ　ぺったんこの　ぺったんこ

①ぺったんこ ぺったんこ もちつき ぺったんこ
右手をグー、左手をパーにしてもちをつくようにたたく。 

②それつきかえせ
「かえせ」で手を反対にする。

③やれつきかえせ

④もうじきつけるぞ ぺったんこの ぺったんこ
①と同じ。

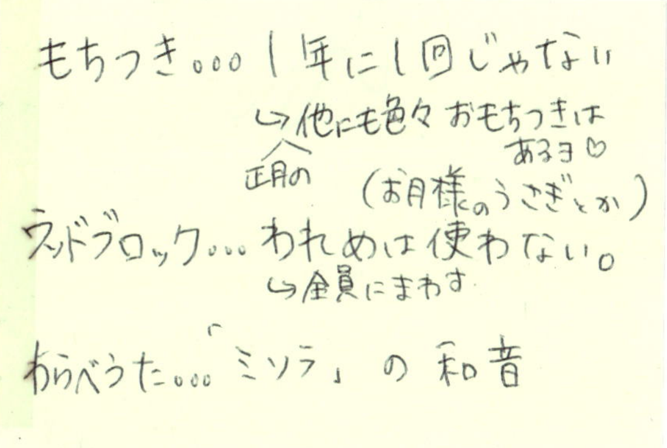

手書きメモ:
もちつき…1年に1回じゃない
→他にも色々おもちつきはあるよ♡
↑正月の　（お月様のうさぎとか）

ウッドブロック…われめは使わない。
→全員にまわす

わらべうた…「ミソラ」の和音

手あそび名人への道　いつ!? どのように!?

★もちつき大会、お正月、お祝いの日に
お正月だけでなく、端午の節句、ひな祭り、その他お祝いの日など餅を食べる時期に楽しめます。

★手あそびに入る前には
保育者のまねをして、手をたたく"まねっこあそび"をしましょう。両手を打ったり、パーとグーで餅をついたりして遊びます。

年齢別アレンジ

★低年齢児には
保育者が子どもの手をとり、遊びましょう。ほっぺを触っても楽しいですね。

★4〜5歳児には
2人組になって、相手の手のひらをつきましょう。②、③では、右手と左手のグーとパーを逆にしてみましょう。

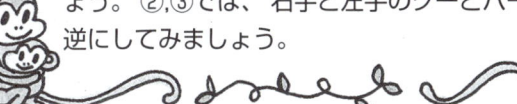

季節&行事の手あそび
鬼のパンツ

作詞不詳　作曲：L.Denza　編曲：植田光子

4〜5歳児

おにのパンツは いいパンツ つよいぞ つよいぞ トラ の けがわで できて いる
つよいぞ つよいぞ ごねん はいても やぶれない つよいぞ つよいぞ じゅうねん はいても やぶれない つよいぞ つよいぞ はこう はこう おにのパンツ
はこう はこう おにのパンツ あなたも あなたも あなたも あなたも みんなではこう おにのパンツ

手あそび名人への道 いつ!? どのように!?

★集会や節分の時期に
　オニの本や紙芝居を見たとき、オニのかっこうに注目してみます。「オニはパンツ1枚で寒くないのかな？」「パンツは何でできているのかな？」「破れないのかな？」など、いろんな疑問を投げかけ、子どもたちと会話を楽しんで、始めましょう。

年齢別アレンジ

★低年齢児には
　向かい合って座ります。子どもの両手をもち、いっしょに手あそびを楽しみましょう。

★3〜5歳児には
　鬼のパンツのリズムでジェンカ風に跳んでみましょう。慣れてきたら、人数を増やしてみましょう。

鬼のパンツ

①おにの 
両手の人さし指を立てて頭の両横で鬼のつのを出す。

②パン
拍手を1回する。

③ツは 
右手(左手)の人さし指と中指を出す(チョキの形)。

④いい 
右手の人さし指で「1」を示す。

⑤パン 
②と同じ。

⑥ツ 
③と同じ。

⑦つよいぞ つよいぞ
両腕を体の横で曲げて上下に動かす。

⑧トラのけがわでできている 
おなかに手を当て円を描く。

⑨つよいぞ つよいぞ
⑦と同じ。

⑩ごねん 
片手で5本指を出す。

⑪はいても 
パンツをはくしぐさをする。

⑫やぶれない
片手の手のひらを立て、左右に振る。

⑬つよいぞ つよいぞ
⑦と同じ。

⑭じゅうねん
両手で10本指を出す。

⑮はいても
⑯やぶれない
⑰つよいぞ つよいぞ
⑪〜⑬を繰り返す。

⑱はこうはこう
⑪の動作を2回繰り返す。

⑲おにのパンツ
①〜③の動作をする。

⑳はこうはこう おにのパンツ
⑪を2回繰り返し、①〜③の動作をする。

㉑あなたも あなたも あなたも あなたも 
人さし指でまわりを指す。

㉒みんなで 
両手で大きく円を描く。

㉓はこう おにのパンツ
⑩、①〜③の動作をする。

季節&行事

季節&行事の手あそび
おしくらまんじゅう

わらべうた　編曲：植田光子

3〜5歳児

歌詞：
おしくらまんじゅう　ぎゅっぎゅっぎゅっ　おされてなくこは　どいとくれ
おしくらまんじゅう　ぎゅっぎゅっぎゅっ　ついでにさむさも　どいとくれ

背中合わせになり、腕を組んでおしりで相手を押し合う。

低年齢児には、ひざの上にのせ、両手を握って小さくなりながら押し合う。

手あそび名人への道　いつ!?どのように!?

★集会や冬の行事に
　寒い冬に友だちと身体をぶつけ合って元気に遊びましょう。「おしくらまんじゅうってあそび知ってる?」と、問いかけてみましょう。友だちと腕を組み、身体のぶつけ合いっこをして、寒さを吹き飛ばすあそびということを知らせて、元気よく始めましょう。

年齢別アレンジ

★低年齢児には
　子どもをひざの上にのせ、両手をもって押し合ったり、抱きついて身体を揺らしたりします。
★3〜5歳児には
　その場で回転してみましょう。まずは右にまわり、途中で左まわりなどと声をかけ、何度も回転を変え、動きに変化をつけてみましょう。

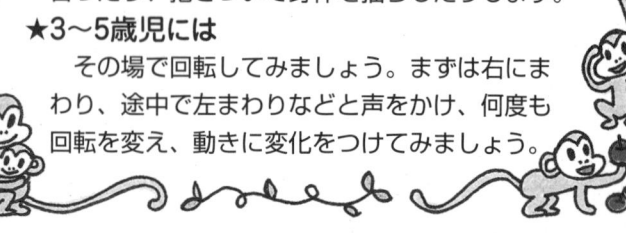

３ いろんな手あそび

子どもたちに大人気の手あそびを6つのジャンルで集めました。
年齢や状況に応じて、いろんな手あそびを実践してください。子どもたちの興味・関心がどんどん広がっていくことでしょう。

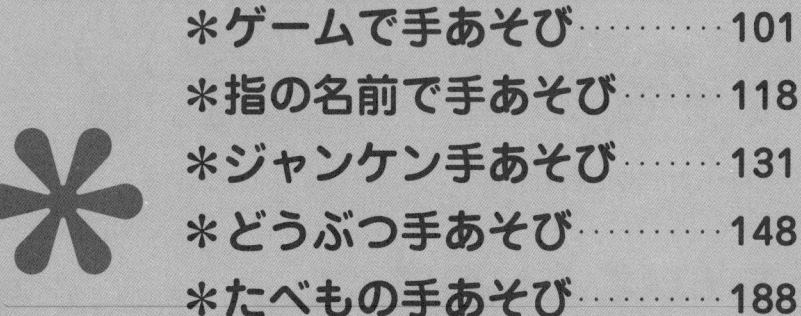

＊低年齢児の手あそび………78
＊ゲームで手あそび………101
＊指の名前で手あそび……118
＊ジャンケン手あそび……131
＊どうぶつ手あそび………148
＊たべもの手あそび………188

低年齢児の手あそび
ちょちちょちあわわ

わらべうた　編曲：植田光子

0〜3歳児

①チョチチョチ
子どもの手を手のひらにのせる。 

②アワワ
口に当てる。

③かいぐりかいぐり
かいぐりをする。

④とっとのめ
人さし指で手のひらを指す。

⑤おつむてんてん
手で頭に触れる。

⑥ひじポンポン
ひじをたたく。

手あそび名人への道　いつ!?どのように!?

★スキンシップを楽しむ時に
　子どもをひざの上にのせて楽しみましょう。
　子どもの手をもち、歌詞に合わせていろいろな動きをしてみましょう。
　ゆっくりとうたうことが大切です。

年齢別アレンジ

★低年齢児には
　子どもの手をとり、保育者の顔に当てましょう。
★4〜5歳児には
　⑥の続きの歌詞をつくります。"かたとんとん、ぐるっとまわってこしふりふり、さいごにあくしゅでぎゅっぎゅっぎゅ"を2人組になり向かい合って遊びましょう。

＊低年齢児の手あそび＊
1本橋こちょこちょ

わらべうた　編曲：植田光子

0〜3歳児

いっぽんばし　こちょこちょ　すべってたたいて　つねって　かいだんのぼって　コチョコチョ

①いっぽんばしこちょこちょ
人さし指で手のひらをさする。

②すべって
手のひらの上をすべらせる。

③たたいて
軽くたたく。

④つねって
軽くつねる。

⑤かいだんのぼって
手のひらから腕へ2本指でたどっていく。

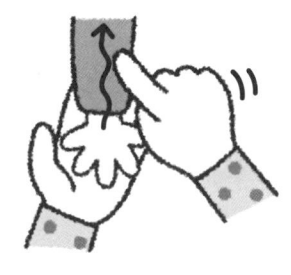

⑥コチョコチョ
最後はくすぐる。

手あそび名人への道　いつ!? どのように!?

★スキンシップを楽しむ時に
　スキンシップを楽しめるあそびです。
　子どもの手をもち、楽しく歌をうたいながら始めてみましょう。

★保育参観やゲームに
　親子で触れ合って遊ぶのに、適した手あそびです。

年齢別アレンジ

★低年齢児には
　子どもをひざの上にのせ、くすぐるだけでも喜びます。ゆっくりとうたいましょう。

★3〜5歳児には
　友だちと2人組になり、交替しながら遊んでみましょう。3人組になり、1人が両手を出し、他の2人からくすぐられるのも楽しいでしょう。

低年齢児の手あそび
あがりめさがりめ

わらべうた　編曲：植田光子

2〜3歳児

歌詞：あがりめ　さがりめ　ぐるりとまわして　ねこのめ

①あがりめ
両手の人さし指を目尻に当てて、上にあげる。

②さがりめ
目尻を下にさげる。

③ぐるりとまわして
目尻をまわす。

④ねこのめ
目尻を外側に引っ張ったり、中央に寄せたりして、いろいろな表情を作る。

手あそび名人への道　いつ!?どのように!?

★**保育参観にも**
　むかしから親しまれている顔あそびです。親子で行なってみましょう。顔を見ながら少し大げさに歌をうたい、興味がもてるようにします。

★**表情づくりを楽しむ**
　顔の筋肉を動かして、いろいろな顔の表情をしてみましょう。

年齢別アレンジ

★**低年齢児には**
　子どもをひざの上にのせ、向かい合って子どもの手をとってゆっくりと遊びましょう。

★**3〜5歳児には**
　友だちと2人組になり、どちらがおもしろい顔をするか遊んでみましょう。

低年齢児の手あそび
だるまさん

わらべうた　編曲：植田光子

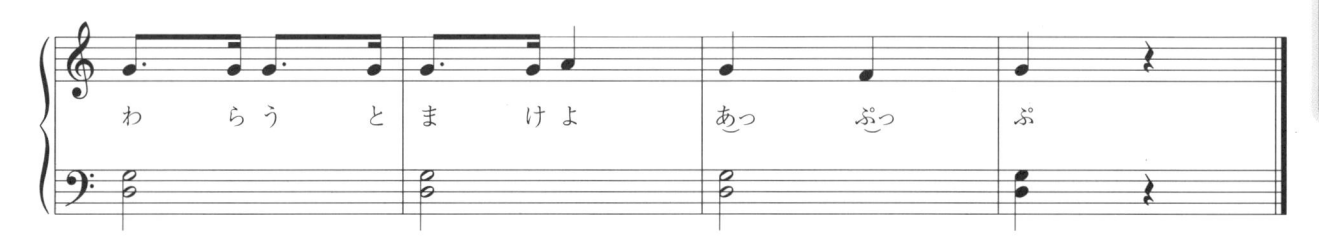

2～3歳児

歌詞：
だるまさん　だるまさん　にらめっこしましょ　わらうとまけよ　あっ ぷっ ぷ

① だるまさんだるまさん にらめっこしましょ わらうとまけよ
手拍子を12回する。 

② あっ ぷっ 
顔を隠す。

③ ぷ 
おもいきりおもしろい顔をする。

手あそび名人への道　いつ!? どのように!?

★お互いを見つめ合って
　むかしから親しまれている顔あそびです。保育者がおもしろい顔をして、子どもとにらめっこを楽しみましょう。お互いの顔を見つめ合うので心が通い合うでしょう。

年齢別アレンジ

★低年齢児には
　子どもをひざの上にのせ、向かい合ってゆっくりと遊びましょう。

★3～5歳児には
　友だちと2人組になり、にらめっこをしてみましょう。先に笑った方がくすぐられるというようなルールを作っても楽しいでしょう。

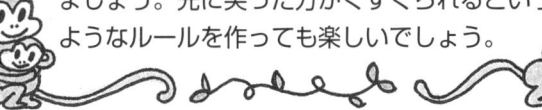

むすんでひらいて

低年齢児の手あそび　1～4歳児

作詞不詳　作曲：J.J.ルソー　編曲：植田光子

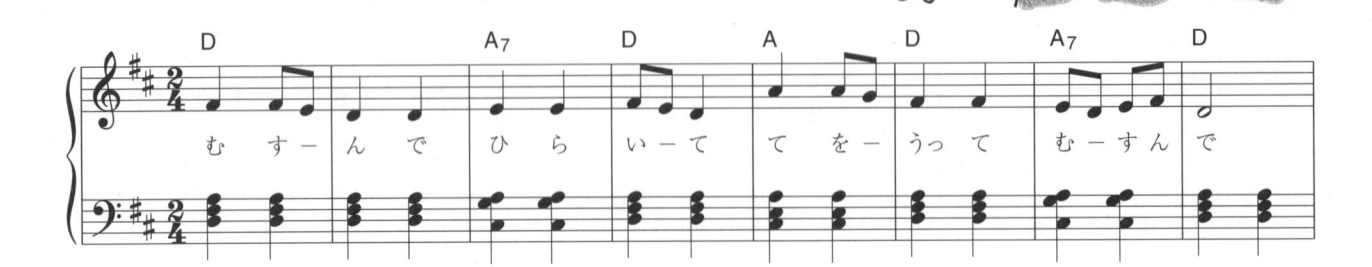

む　すーんで　ひら　いーて　てを　うって　むーすんで
また　ひらいて　てを　うって　そのてを　うえに
む　すーんで　ひら　いーて　てを　うって　むーすんで

手あそび名人への道　いつ!?　どのように!?

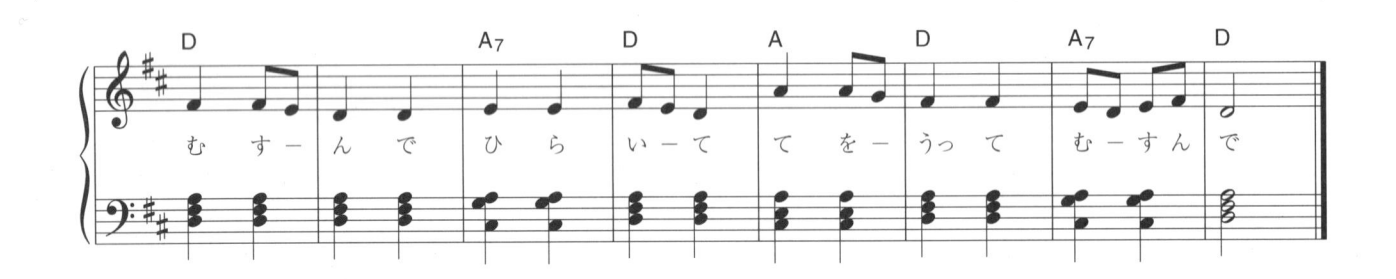

★**保育参観や集会などにも**
　みんなに親しまれている曲です。どんな場面でも楽しむことができます。

★**手あそびに入る前には**
　手を使っていろいろな物に変身してみましょう。
「手を横に広げたら何になるかな？上は？前は？」
変身した後、曲に合わせてやってみましょう。

むすんでひらいて

①むすんで 
両手を握り、上下に軽く4回振る。

②ひらいて 
手を開いて、上下に軽く4回振る。

③てをうって 
拍手を4回する。

④むすんで 
手を握って、3回上下に振る。

⑤またひらいて 
②と同じ。

⑥てをうって 
③と同じ。

⑦そのてをうえに 
両手を開いて上にあげる。

⑧むすんで 
①と同じ。

⑨ひらいて 
②と同じ。

⑩てをうって 
③と同じ。

⑪むすんで 
④と同じ。

低年齢児

年齢別アレンジ

★**低年齢児には**
　子どもをひざの上にのせ、向かい合い、手をとって遊びましょう。

★**3〜5歳児には**
　リズムあそびの中に入れてみましょう。保育室の中で友だちにぶつからないように広がります。最後の歌詞"そのてをうえに"の部分を代えていきます。"そのてをよこに"手を横に広げ、ちょうちょうや飛行機に。"そのてをまえに"手を前に伸ばし、ハンドルを握るかっこうで、自動車に変身して、遊んでみましょう。

低年齢児の手あそび
ピヨピヨちゃん

作詞・作曲不詳　編曲：植田光子

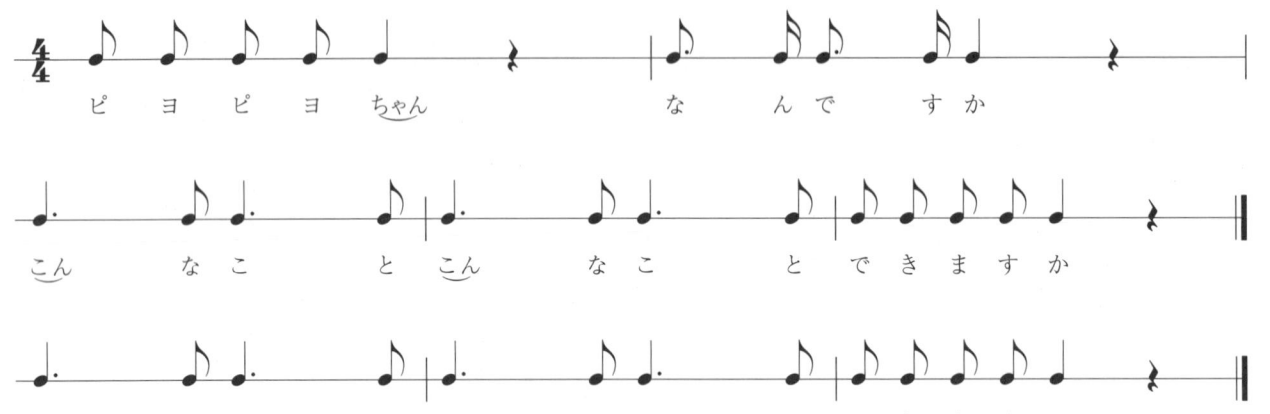

0〜3歳児

ピヨピヨちゃん　なんですか
こんなこと　こんなこと　できますか
こんなこと　こんなこと　できますよ

① （おとな）ピヨピヨちゃん

「ピヨピヨちゃん」

口の前で両手を合わせてくちばしを作り、開いたり、閉じたりする。

② （子ども）なんですか

「なんですか？」

①のまねをする。

手あそび名人への道　いつ!? どのように!?

★大人数が集まる集会や保育参観に
　どこでも何人でも楽しめます。
　保育者がピヨピヨちゃんのお母さん、子どもたちはピヨピヨちゃんに変身。「まねっこしてね」のことばがけから、いろいろな動きを元気よくやってみましょう。

★動作は大きくはっきりと
　子どもがわかりやすいように動作は大きくはっきりとしましょう。子どもは保育者の動きをじっと見ながら、まねをしていくでしょう。
　子どもの動きや様子を見ながら、いろいろな動作に代えてみましょう。

ピヨピヨちゃん

③ (おとな) こんなことこんなことできますか

両手で耳を触ったり、頭に置いたりする。

④ (子ども) こんなことこんなこと

③のまねをする。

⑤ (子ども) できますよ

できますよ！

手拍子を3回する。

年齢別アレンジ

★低年齢児には
　子どもをひざの上にのせ、子どもの手をとってうたいましょう。身体でリズムをとり、心地良く揺れましょう。

★3〜5歳児には
○子どもたちといろいろなポーズを考えて、みんなでまねをしてみましょう。
○速さを極端にゆっくりしたり、速くしたりして、上手にまねができるか遊んでみましょう。

低年齢児の手あそび
ゆらゆらタンタン

作詞・作曲不詳　編曲：植田光子

0〜3歳児

歌詞：
ゆらゆら タンタン おめめ
ゆらゆら タンタン おはな
ゆらゆら タンタン おくち
プーッと ほっぺに おみみ

①ゆらゆら
子どもの手を握り、上下に振る。 

②タンタン
拍手を2回する。

③おめめ
人さし指で目を指さす。

手あそび名人への道　いつ!? どのように!?

★顔の部位を楽しく知らせる
　子どもをひざの上にのせて楽しみましょう。顔のいろいろな部位を知らせることができます。
　遊ぶときは、子どもをしっかり抱きしめてからゆらゆらしてあげましょう。

★スキンシップを楽しんで
　やさしくスキンシップをするつもりで、身体の部分に触れてみましょう。繰り返しのリズムが心地良く感じるでしょう。リズムにのって、子どもも触り出します。まちがって触っても、「あら、ここだよ」と、ことばがけをしながら、手をとり楽しみましょう。

ゆらゆらタンタン

④ゆらゆら
①と同じ。

⑤タンタン
②と同じ。

⑥おはな
人さし指で鼻を指さす。

⑦ゆらゆら
①と同じ。

⑧タンタン
②と同じ。

⑨おくち
人さし指で口を指さす。

⑩プーッと
ほおをふくらます。

⑪ほっぺに
ふくれたほおを人さし指で指さす。

⑫おみみ
人さし指で耳を指さす。

低年齢児

年齢別アレンジ

★低年齢児には
子どもをひざの上にのせ、向かい合います。
①"ゆらゆら"の部分で、子どもを左右に揺らします。②"タンタン"の部分で、子どもを上下に揺らし、保育者のかかとは2回床を鳴らします。あとは歌詞にそって身体の部位を触っていきます。

★4〜5歳児には
2人組になり両手をつなぎます。①"ゆらゆら"の部分で左右に揺らし、②"タンタン"の部分で手をつないだままジャンプを2回します。③,⑥,⑨,⑫は、手を離し自分の身体を触ります。

低年齢児の手あそび
あたまてんてん

作詞：阿部恵　作曲：家入脩　編曲：植田光子
振付：阿部恵

1〜3歳児

あ た まてん てん／か— た たん たん／お て て しゃん しゃん／あ し とん とん

あ た まて て てん／か— た た たん／お て て しゃ しゃ しゃん／あ し と と とん

①あたまてんてん
手のひらで軽く頭を2回たたく。 

②かたたんたん
手のひらで軽く肩を2回たたく。

③おててしゃんしゃん
拍手を2回する。

④あしとんとん
足踏みをする。

⑤あたまてててん
手のひらで軽く頭を3回たたく。

⑥かたたたたん
手のひらで軽く肩を3回たたく。

⑦おててしゃしゃしゃん
拍手を3回する。

⑧あしとととん
足踏みを繰り返す。

手あそび名人への道　いつ!?どのように!?

★ **身体の名前を覚える**
　しぜんに身体の名前を覚えることができます。「たんたん」「しゃんしゃん」と声に出しながら、リズムに合わせてその部分を触っていきましょう。

年齢別アレンジ

★ **低年齢児には**
　子どもをひざの上にのせ、向かい合って子どもの手をとり遊びましょう。

★ **3〜5歳児には**
　動作を速くしたり遅くしたりを繰り返し、テンポの変化を楽しんでみましょう。身体の他の部位にも触れてみましょう。

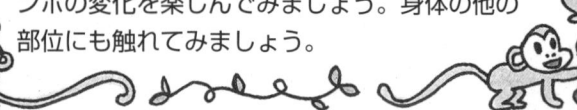

低年齢児の手あそび
どこかな？

2〜5歳児

作詞・作曲：植田光子

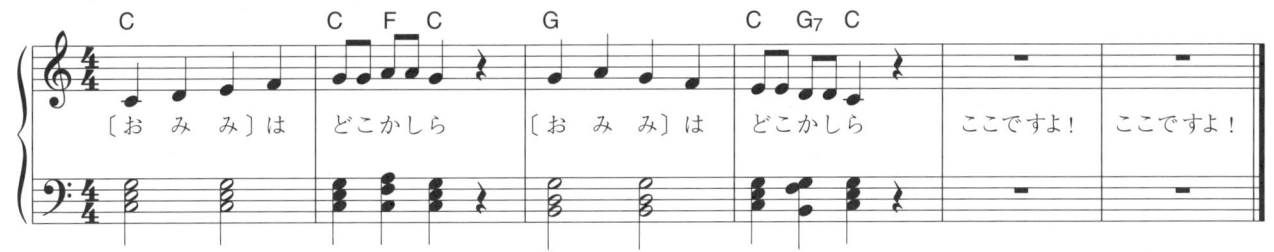

♪ 〔おみみ〕は どこかしら 〔おみみ〕は どこかしら ここですよ！ ここですよ！

① 〔おみみ〕はどこかしら 〔おみみ〕はどこかしら

両手を広げてリズミカルに左右に振りながらうたう。

② ここですよ ここですよ

「ここですよ ここですよ」と唱えながら、①の〔 〕の部分を触る。

〔 〕に、子どもの知っている言葉を入れて繰り返し遊びましょう。

手あそび名人への道 いつ!? どのように?

★身体の部位を楽しく覚える

　身体の部位をしぜんに覚えられる簡単な手あそびです。

　身体にはいろいろな名前があることを知らせていきます。歌に合わせてしっかり名前と身体の部位を保育者が示してあげましょう。発育測定の時にも使えます。

年齢別アレンジ

★低年齢児には

　子どもをひざの上にのせ、向かい合って遊びましょう。身体の部位に触れたら、褒めてあげましょう。

★3〜5歳児には

　〔 〕のところに身体の部位以外に、持ち物や園にある物を当てはめて遊んでみましょう。

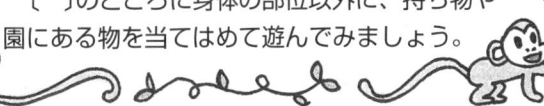

低年齢児の手あそび
ハイ！タッチ

作詞・作曲：植田光子

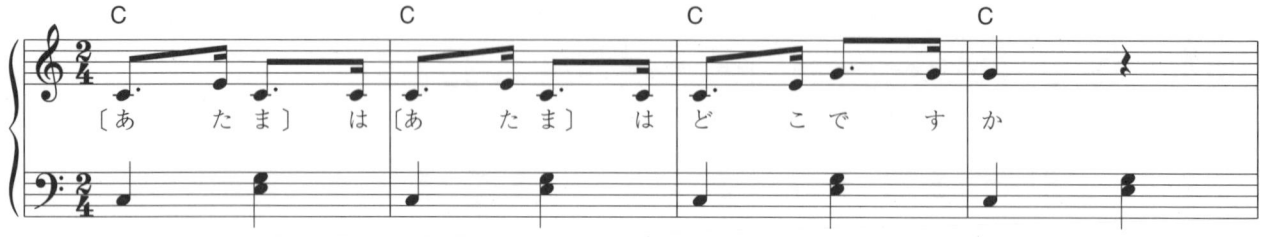

2〜5歳児

〔あたま〕は〔あたま〕は どこですか
じゅんびが できたら ハイ タッチ！ 〔あたま〕

①〔あたま〕は〔あたま〕は

〔 〕に、子どもが触れるところの言葉を入れて、手拍子をしながらうたう。

②どこですか

両腕を組んで左右に揺れる。

手あそび名人への道　いつ!? どのように!?

★ちょっとしたゲームに
　子どもの機嫌の良い時や、活動と活動の合間のつなぎに、集中して楽しめる手あそびうたです。友だちと同じ場所を触っているか確認しながら楽しみましょう。

★手あそびに入る前には
　保育者の手を見てまねをしていきましょう。
　「あれっ！ どこに触ってるかなあ？」「あたまでした」とことばがけをしながら遊びましょう。時々速くするとまちがいが出てきて、子どもたちは興奮して大変喜ぶでしょう。

ハイ タッチ！

③じゅんびができたら

②と同じ。

⑥ハイ タッチ！

手拍子をする。

⑨〔あたま〕

〔　〕に入れたところを触る。

年齢別アレンジ

★低年齢児には
「おしり」「かた」「ほっぺ」「おみみ」「おくち」「あし」など、まず身体の一部分から始めましょう。保育者はゆっくりとしたテンポで子どもの手をもってやさしく触り、触れたという達成感や安心感をもてるようにしましょう。

★4〜5歳児には
慣れてきたら速さを変えたり、少しずつ離れたところを言っても楽しいでしょう。また、円になり行進をしながらリズムにのって動作をすると、さらに楽しいあそびになります。動作をまちがえても行進は止めないようにしましょう。

低年齢児の手あそび
あたまかたひざポン

1〜5歳児

作詞不詳　イギリス民謡　編曲：植田光子

歌詞：
あたまかた　ひざポン　ひざポン　ひざポン
あたまかた　ひざポン　め　みみ　はな　くち

①あたま  — 両手で頭を触る。
②かた — 両手で肩を触る。
③ひざ — 両手でひざを触る。
④ポン — 拍手をする。

手あそび名人への道　いつ！？どのように！？

★発育測定や検診前に
しぜんと身体の部位を覚えます。発育測定や、耳鼻科・歯科・眼科などの検診の前に遊ぶのもよいでしょう。

★手あそびに入る前には
最初は歌に関係なく、保育者が身体の部位（頭、耳、鼻、目、口、眉毛、髪の毛、肘など）を指示し、子どもたちに考えさせながらその場所に手をおくようにことばがけします。その繰り返しをしばらく続けた後、音楽に合わせて行なってみましょう。

あたまかたひざポン

⑤ ひざ　⑥ ポン　⑦ ひざ　⑧ ポン

③と同じ。　④と同じ。　③と同じ。　④と同じ。

⑨ あたま　⑩ かた　⑪ ひざ　⑫ ポン

③と同じ。　④と同じ。　③と同じ。　④と同じ。

⑬ め　⑭ みみ　⑮ はな　⑯ くち

人さし指で目尻を軽く触る。　両耳を押さえる。　両手で鼻を押さえる。　両手で口を軽く押さえる。

低年齢児

年齢別アレンジ

★低年齢児には
　子どもをひざの上にのせ、向かい合って遊びましょう。子どもの手をとり、リズミカルに身体に触っていきましょう。
　保育者の身体にもいっしょに触っていきましょう。

★3～5歳児には
　保育室にあるものにタッチをしてみましょう。歌詞の最後の部分を「かばん」「イス」などいろいろ考えてみましょう。
　テンポに変化をつけたら、盛り上がってもっと楽しくなるでしょう。

低年齢児の手あそび
コロコロたまご

作詞・作曲不詳　編曲：植田光子

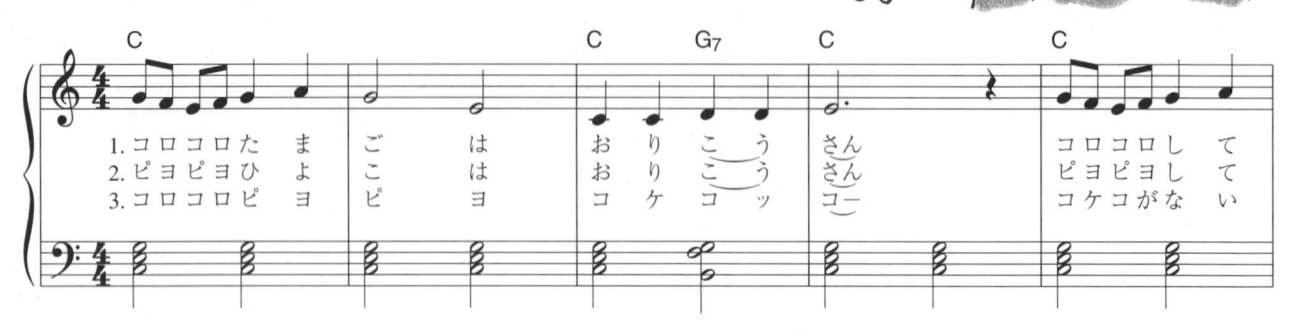

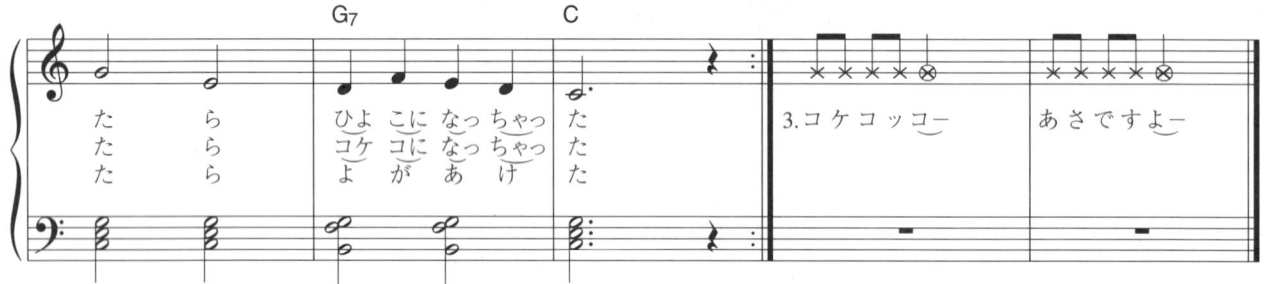

2～5歳児

歌詞：
1. コロコロたまご　ははおりこうさん　コロコロしてたら　たらら　ひよこになっちゃった
2. ピヨピヨひよこ　ははおりこうさん　ピヨピヨしてたら　たらら　コケコになっちゃった
3. コロコロピヨピヨ　コケコッコー　コケコがないた　たらら　よがあけた

3. コケコッコー　あさですよー

1番

①コロコロたまごは
両手でかいぐりをする。

②おりこうさん
右手で、グーにした左手をなでる。

③コロコロしてたら
①と同じ。

手あそび名人への道　いつ!?　どのように!?

★**鳴き声も楽しんで**
低年齢児から5歳児まで、幅広く楽しめる手あそびです。
指の動きだけでなく、ヒヨコやニワトリの鳴き声もいっしょに楽しみましょう。

★**手あそびに入る前には**
両手で丸をつくります。「ここにたまごがあります。中からかわいいヒヨコが出てきました。ヒヨコはもりもりご飯を食べて、大きくなってにわとりに成長しました。」歌詞の話をしながら、手あそびにつなげていきましょう。

コロコロたまご

2番

④ひよこになっちゃった
人さし指と親指を4回つける。

①ピヨピヨひよこは
1番の④と同じ。

②おりこうさん
左手で右手の甲をなでる。

③ピヨピヨしてたら
1番の④と同じ。

④コケコになっちゃった
親指と他の4本の指を4回つける。

3番

①コロコロ
1番の①と同じ。

②ピヨピヨ
1番の④と同じ。

③コケコッコー コケコがないたら
2番の④と同じ。

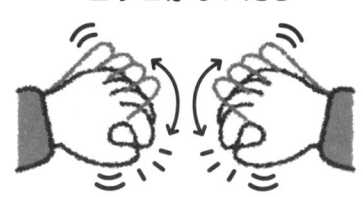

④よがあけた
手をひらひらさせながら大きくまわす。

⑤「コケコッコーあさですよ」
元気よく声を出す。

年齢別アレンジ

★低年齢児には
子どもをひざの上にのせ向かい合って座ります。子どもをたまごに見たてて遊んでみましょう。1番の①"コロコロたまごは"は身体を左右に揺らし、②"おりこうさん"は頭をなでます。④"ひよこになった"は両手を上下に振ります。2番の④"コケコになった"は両手をきらきらまわします。

★3～5歳児には
全身でタマゴ、ヒヨコ、ニワトリを表現してみましょう。小さくかがんでタマゴの形になり、横に揺れたり、頭をなでたりして歌詞に合わせて動いてみましょう。

低年齢児の手あそび
あしあしあし

作者不詳　編曲：植田光子

2〜5歳児

歌詞：
- あしあしあしあし　あしですよ
- おへそおへそおへそおへそ　おへそです
- むねむねむねむね　むねですよ
- かたかたかたかた　かたですよ
- あたまあたまあたまあたま　あたまです
- あたま　かた　むね　おへそ　あし　ヤー

手あそび名人への道　いつ!?どのように?

★大人数が集まる集会や保育参観などに
足から頭へ、下から上への動きです。座ったままでも楽しくできます。同じ部位を何度もたたく簡単な動きなので、リズムよくすると子どもたちは喜ぶでしょう。

★手あそびに入る前には
「足はどこにあるかな？」「おへそはどこかな？」「かたをタントン、たたいてみようか」など、いろいろな身体の部分に触れて、お話をしましょう。ひとつひとつくすぐりながら知らせていくのもよいでしょう。

あしあしあし

①あしあしあしあし　　②おへそおへそおへそ　　③むねむねむねむね　　④かたかたかたかた
　あしですよ　　　　　　おへそ　おへそです　　　むねですよ　　　　　　かたですよ

歌に合わせて足をたたく。　歌に合わせておへそを指さす。　歌に合わせて胸をたたく。　歌に合わせて肩をたたく。

⑤あたまあたまあたま　　⑥あたま　かた　むね　　⑦ヤー
　あたま　あたまです　　　おへそ　あし

歌に合わせて頭をたたく。　歌に合わせて順番に押さえていく。　元気よく手を前に出す。

年齢別アレンジ

★低年齢児には
保育者のひざの上で、手・足・身体に触れられたら、とてもうれしくなります。やさしく触ってあげましょう。

★4〜5歳児には
最後の「ヤー」は、大きな声でうたったり、声を出さずに表現だけをしてもとても楽しいでしょう。テンポを変えて速くすると忙しくなり、盛り上がります。速くしすぎて無理な動きにならないよう気をつけましょう。

低年齢児の手あそび
アイアイ

作詞：相田裕美　作曲：宇野誠一郎　編曲：植田光子

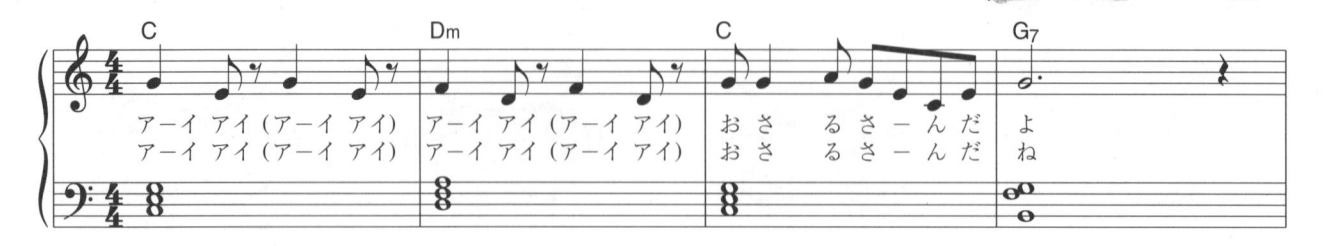

2〜5歳児

歌詞：
アーイ アイ（アーイ アイ）アーイ アイ（アーイ アイ）おさるさんだ よ
アーイ アイ（アーイ アイ）アーイ アイ（アーイ アイ）おさるさんだ ね

アーイ アイ（アーイ アイ）アーイ アイ（アーイ アイ）みなみのしまーの
アーイ アイ（アーイ アイ）アーイ アイ（アーイ アイ）きのはのおうーち

アイアイ（アイアイ）アイアイ（アイアイ）しーっぽのな が い
アイアイ（アイアイ）アイアイ（アイアイ）おめめのま る い

アーイ アイ（アーイ アイ）アーイ アイ（アーイ アイ）おさるさんだ よ
アーイ アイ（アーイ アイ）アーイ アイ（アーイ アイ）おさるさんだ ね

手あそび名人への道 いつ!? どのように!?

★まねをしながら覚える

掛け合いのあそびうたです。歩き出す前の子どもも保育者のまねをしながら、リズムにのって身体を動かすでしょう。子どもはまねをしながら覚えていきます。保育者も楽しんで遊びましょう。

年齢別アレンジ

★低年齢児には

子どもの手をとり、リズミカルにうたいましょう。

★4〜5歳児には

保育者と子どもたちが2グループに分かれて掛け合いをしてみましょう。

アイアイ

1番

①アイアイ（アイアイ） 
右手を出し、左右に振る。左手も同様に降る。

②アイアイ（アイアイ） 
①と同じ。

③おさるさんだよ 
腰に手を当てお尻を振る。

④アイアイ（アイアイ）アイアイ（アイアイ） 
①を2回繰り返す。

⑤みなみのしまの 
かけ足をしながら大きく1周まわる。

⑥アイアイ（アイアイ） 
片手を頭、もう片方をあごの下に持ってきて、サルのまねをする。

⑦アイアイ（アイアイ）  
⑦と同じ。

⑧しっぽのながい 
左手を腰に当て、右手をお尻から伸ばし、長いしっぽを表現する。

⑨アイアイ（アイアイ）アイアイ（アイアイ）
①を2回繰り返す。

⑩おさるさんだよ
③と同じ。

2番

①②③アイアイ（アイアイ）アイアイ（アイアイ）おさるさんだよ
1番の①②③と同じ。

④⑤アイアイ（アイアイ）アイアイ（アイアイ）きのはのおうち
1番の④⑤⑥と同じ。

⑥⑦アイアイ（アイアイ）アイアイ（アイアイ）
1番の⑦⑧と同じ。

⑧おめめのまるい 
両手を腰に当て、ひざを曲げながら左右に揺れる。

⑨⑩アイアイ（アイアイ）アイアイ（アイアイ）おさるさんだね
1番の⑩⑪⑫と同じ。

低年齢児の手あそび
せんべせんべ

わらべうた　編曲：植田光子

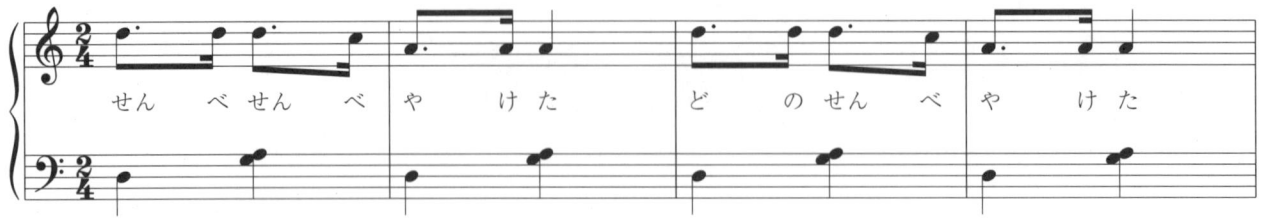

2〜5歳児

せん　べ　せん　べ　や　け　た　ど　の　せん　べ　や　け　た
こ　の　せん　べ　や　け　た　ムシャ　ムシャ　ムシャ

①せんべせんべやけた どのせんべやけた
両手を前に出し、うたいながら手のひらを下にして上下に振る。 

②このせんべやけた
手のひらを上にひっくり返して上下に振る。

③ムシャムシャムシャ
「ムシャムシャムシャ」 
手を口にもっていき、握って食べるしぐさをする。

手あそび名人への道　いつ!?どのように!?

★手あそびに入る前には
「おなかすいちゃったね。○○ちゃんもおなかすいたかな？」とことばがけし、「あっ！こんなところにおせんべいが」と子どもの手をとり、「ムシャムシャムシャ」と食べるまねをして始めてみましょう。

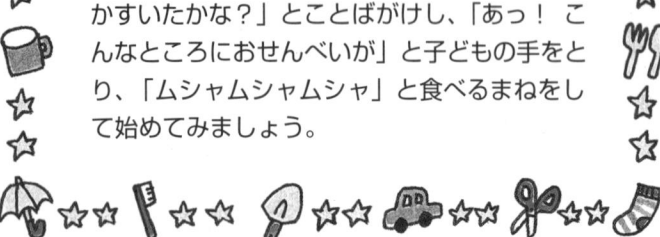

年齢別アレンジ

★低年齢児には
子どもの手をとって遊びましょう。身体をせんべいに見たて、ゆっくりと返しても楽しいですよ。

★4〜5歳児には
手を返す代わりに、"やけた"で身体を１回転させても楽しいでしょう。

ゲームで手あそび
手をたたこう

作詞・作曲：不詳　編曲：植田光子

2〜5歳児

歌詞：
- てをたたこう（ポン）てをたたこう（ポン）みんないっしょに てをたたこう（ポン）
- ひとつたたこう（パン）ふたつたたこう（パンパン）こんどはみっつー たたきましょう（パンパンパン）

1番
てをたたこう（ポン）てをたたこう（ポン）
みんないっしょに てをたたこう（ポン）

両手を歌に合わせて振り、休符で手をたたく。

2番
ひとつたたこう（パン）ふたつたたこう（パンパン）
こんどはみっつー たたきましょう（パンパンパン）

手をたたく回数を増やしていく。

手あそび名人への道　いつ！？どのように！？

★集会や話の前に
　みんなで楽しめる曲です。合図に合わせて手をたたいてみましょう。1回、2回…など、たたく回数を保育者がことばがけをして楽しみます。手をたたく回数が増えたり減ったり、子どもたちも大喜びです。最初はゆっくり、慣れてきたらテンポをあげ、盛り上げていきましょう。

年齢別アレンジ

★低年齢児には
　子どもをひざの上にのせたり立ったまま向かい合ったりします。子どもの手をとり、いっしょに楽しみましょう。

★3〜5歳児には
　手の代わりに足を鳴らしたり、肩をたたいたりしてみましょう。

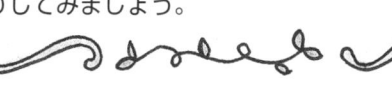

ゲームで手あそび
おちたおちた

わらべうた　編曲：植田光子

2〜5歳児

1番
① (保育者) おちたおちた
② (子ども) なにがおちた
③ (保育者) りんごがおちた
掛け合いでうたう。

④アッ！

すばやく両手を出し、リンゴを受け止めるしぐさをする。

2番
① (保育者) おちたおちた
② (子ども) なにがおちた
③ (保育者) てんじょうがおちた
掛け合いでうたう。

④アッ！

すばやく両手をあげ、天井を支えるしぐさをする。

3番
① (保育者) おちたおちた
② (子ども) なにがおちた
③ (保育者) かみなりさまがおちた
掛け合いでうたう。

④アッ！

パッと両手でおへそを押さえる。

手あそび名人への道 いつ!? どのように!?

★大人数が集まる集会で
　集団で楽しめるあそびです。「空から何か落ちてきたら、どうする？」と子どもたちに問いかけてみます。「りんご」「かみなり」が落ちてきたらどうするかいっしょに考え、手で受け止めるしぐさやおへそを隠すしぐさをし、何度か繰り返した後、あそびに入っていきましょう。

年齢別アレンジ

★低年齢児には
　子どもをひざの上にのせて向かい合い、④"アッ！"のところで抱きしめるととても喜ぶでしょう。

★4〜5歳児には
　落ちてくるものを、ボールやジュースなど他にも考えてみましょう。保育者の代わりに子どもに言ってもらっても楽しくなりますよ。

ゲームで手あそび
ちゃつぼ

わらべうた　編曲：植田光子

4〜5歳児

ちゃ ちゃつぼ ちゃつぼ ちゃつぼにゃ
ふたがない そこをとって ふたにしよう

①ちゃ
左手を握り、その上に右手のひらを乗せて「ふた」にする。

②ちゃ
右手のひらを左手の下にして「そこ」にする。

③つ
右手を握り、その上に左手のひらを乗せて「ふた」にする。

④ぼ
左手のひらを右手の下にして「そこ」にする。

⑤ちゃつぼ　①〜④を繰り返す。
⑥ちゃつぼにゃ　①〜④を繰り返す。
⑦ふたがない　①〜④を繰り返す。
⑧そこをとって　①〜④を繰り返す。
⑨ふたにしよう　①〜④を繰り返す。

手あそび名人への道　いつ!?どのように!?

★繰り返しの動きを楽しんで
　むかしから親しまれているわらべうたです。ゆっくりと保育者がやってみせてあげましょう。その後、ちゃつぼの意味を子どもたちと考えると、よりいっそうあそびが盛り上がるでしょう。

年齢別アレンジ

★低年齢児には
　子どもをひざの上にのせ、子どものグーの手に保育者の手のひらを当てて遊んでみましょう。

★3〜5歳児には
　2人組になり、1人が両手をグーにし、もう1人が歌に合わせて相手の手の上下に手のひらを当てます。テンポも速くしてみましょう。

ゲームで手あそび
なべなべそこぬけ

わらべうた　編曲：植田光子

3〜5歳児

歌詞：
なべなべそこぬけ
そこがぬけたらかえりましょ

1回目
① なべなべそこぬけ そこがぬけたら

向かい合って両手を取り、左右に振る。

② かえりましょう

両腕をまわして、背中合わせになる。

2回目
なべなべそこぬけ そこがぬけたら かえりましょう

背中合わせになりながら左右に振り、「かえりましょう」で初めに戻る。

手あそび名人への道　いつ!?どのように?

★保育参観や集会に

　2人組で楽しく遊べます。
「簡単で楽しいあそびがあるんだけど、なんだかわかる？」子どもたちに問いかけ、わからなければ、「『な』がつくものは？」と聞いたりメロディをうたうなどヒントを出してみましょう。

年齢別アレンジ

★低年齢児には

　子どもをひざの上にのせ、向かい合って座ります。②で、子どもの身体を回転させます。

★3〜5歳児には

　2人組、4人組、8人組へと人数を増やしていきます。②で2人が手を高くあげ、その間をくぐって行きましょう。

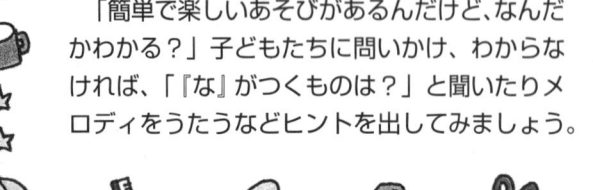

ゲームで手あそび
まねてたたきましょう

作詞・作曲：植田光子

2〜5歳児

① まねてたたきましょう〔ひとつ〕

② ハイ〔拍手〕

リズムにのってうたい、〔　〕の中に子どもが好きな数を入れる。

③ **たたきましょう**　うたう。

保育者が「ハイ」と合図をし、〔　〕の数だけかぞえながら拍手する。

手あそび名人への道　いつ!? どのように!?

★**みんなで音をそろえて**
　リズムに合わせて打つあそびです。子どもたちは順番に自分の好きな数を言うことで集中して数を数えていくことでしょう。
　手拍子が揃わない時は、保育者が合図をして揃うように導いてあげましょう。そして、できたときには、いつも褒めてあげましょう。

年齢別アレンジ

★**低年齢児には**
　子どもをひざの上にのせ、手をとり、遊びましょう。手拍子のところはひざでリズムをとり弾みましょう。2歳児には、手をたたく数を初めに伝えておきましょう。

★**4〜5歳児には**
　年齢に合わせて数も増やしていきましょう。

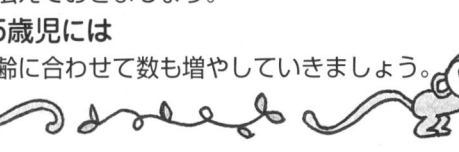

ゲームで手あそび
しあわせなら手をたたこう

訳詞：木村利人　アメリカ曲　編曲：植田光子

3〜5歳児

（楽譜）

歌詞：
1. しあわせなら てをたたこう（てびょうし） しあわせなら てをたたこう（てびょうし） しあわせなら たいどで しめそうよ ほら みんな でてをたたこう（てびょうし）
2. しあわせなら あしならそう（あしぶみ） しあわせなら あしならそう（あしぶみ） しあわせなら たいどで しめそうよ ほら みんな であしならそう（あしぶみ）
3. しあわせなら かたたたこう（かたたたき） しあわせなら かたたたこう（かたたたき） しあわせなら たいどで しめそうよ ほら みんな でかたたたこう（かたたたき）

手あそび名人への道　いつ!?どのように!?

★新学期、週の初めには
　広く親しまれている曲です。みんなでいっしょに手をたたいたり、足を鳴らしたりすることで心が弾みます。初めて会う友だちとも早く仲良くなれますよ。

★手あそびに入る前には
　「しあわせ」の意味を子どもたちに聞きます。反応をみて態度で示すのはどうすればいいか考えてみましょう。保育者の動作をみんなでまねしていくのもよいでしょう。「手をたたこうかなぁ」「頭をトントンしようかなぁ」身体のいろいろな部分に触るあそびをして、最後に歌詞に合わせてみましょう。

しあわせなら手をたたこう

1番
① しあわせなら てをたたこう　　② (てびょうし)
③ しあわせなら てをたたこう　　④ (てびょうし)
⑤ しあわせなら たいどでしめそうよ
⑥ そらみんなで てをたたこう　　⑦ (てびょうし)
　　うたう。　　　　　　　　　　　手拍子を2回する。

2番
① しあわせなら あしならそう　　② (あしぶみ)
③ しあわせなら あしならそう　　④ (あしぶみ)
⑤ しあわせなら たいどでしめそうよ
⑥ そらみんなで あしならそう　　⑦ (あしぶみ)
　　うたう。　　　　　　　　　　　足を2回踏みならす。

3番
① しあわせなら かたたたこう　　② (かたたたき)
③ しあわせなら かたたたこう　　④ (かたたたき)
⑤ しあわせなら たいどでしめそうよ
⑥ そらみんなで かたたたこう　　⑦ (かたたたき)
　　うたう。　　　　　　　　　　　隣の人の肩を2回たたく。

年齢別アレンジ

★低年齢児には
子どもをひざの上にのせ、やさしく子どもの手をもち、いっしょに楽しみましょう。ゆっくりとしたテンポですが、リズミカルにうたってあげましょう。

★4～5歳児には
○2人組、4人組と人数を増やし、最後には全員で円になって行なってみましょう。
○"頭をトントン""おしりをトントン"など動作をいろいろと考えてみましょう。雰囲気がドンドン盛り上がるでしょう。

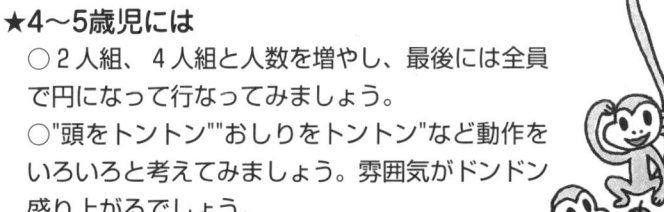

ゲームで手あそび ごんべさんのあかちゃん

2〜5歳児

作詞不詳　アメリカ民謡　編曲：植田光子

ごんべさんのあ　かちゃんが　かぜひいた
ごんべさんのあ　かちゃんが　かぜひいた
ごんべさんのあ　かちゃんが　かぜひいた　そ　こ　であわてて　しっぷした

① ごんべさんの
両手でほおかむりをし、あごのところで結ぶしぐさをする。 

② あかちゃんが 
あかちゃんを抱くしぐさをする。

③ かぜひいた 
両手で口を押さえる。

手あそび名人への道　いつ!? どのように!?

★手あそびに入る前には

幅広くみんなに親しまれている曲です。いろいろなバージョンを楽しんでみましょう。
保育者が元気よく行なって見せて、その後子どもたちといっしょに遊んでみましょう。バージョンアップも子どもたちは大喜びです。

「ごんべさんのあかちゃんが風邪をひいたらしいのでどうすればいいかな？」と、子どもたちに投げかけてみましょう。

ごんべさんのあかちゃん

④ごんべさんの 
①と同じ。

⑤あかちゃんが 
②と同じ。

⑥かぜひいた 
③と同じ。

⑦ごんべさんの 
①と同じ。

⑧あかちゃんが 
②と同じ。

⑨かぜひいた 
③と同じ。

⑩そこであわてて 
手拍子を4回する。

⑪しっぷ 
右手を胸に当てる。

⑫した 
左手も胸に当てる。

年齢別アレンジ

★**低年齢児には**
　子どもをひざの上にのせ、向かい合って遊びましょう。

★**3～5歳児には**
○2小節ごと歌詞の最後に"クシャン"とくしゃみを入れていきましょう。

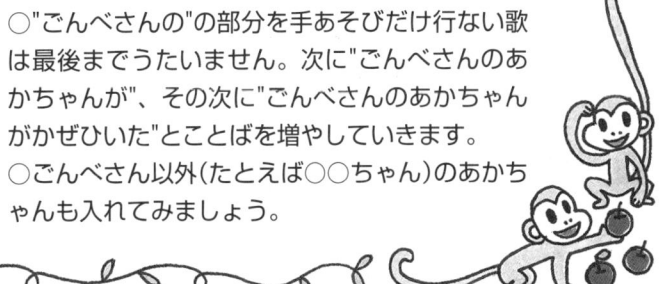

○"ごんべさんの"の部分を手あそびだけ行ない歌は最後までうたいません。次に"ごんべさんのあかちゃんが"、その次に"ごんべさんのあかちゃんがかぜひいた"とことばを増やしていきます。
○ごんべさん以外(たとえば○○ちゃん)のあかちゃんも入れてみましょう。

ゲームで手あそび
いとまき

作詞不詳　外国曲　編曲：植田光子

2～5歳児

歌詞：
いと まきまき いと まきまき ひいて ひいて トン トン トン
で——きた で きた こ び と さん の お く つ

①いとまきまき いとまきまき
かいぐりをする。 

②ひいてひいて 
横にこぶしを引っ張る。

手あそび名人への道　いつ!? どのように!?

★手あそびに入る前には

いろいろな歌詞があり、とても親しまれている曲です。

「今日はみんなのくつを作ってみます。まずは誰のくつにしようかな？」など、子どもたちが興味をもつように話をします。「何色が好きかな？」「リボンも作ろうか？」「大きなくつにしちゃおうか？」子どもたちの名前を呼びながら夢を持たせてあげましょう。子どもたちがのってきたら、さっそく手あそびをしてみましょう。

「ぞうさんのくつ」「ありさんのくつ」の時は、動作も大きくと小さくにして違いを楽しみましょう。

いとまき

③とんとんとん
胸の前で、こぶしを3回上下交互に合わせる。

④いとまきまき いとまきまき
①と同じ。

⑤ひいてひいて
②と同じ。

⑥とんとんとん
③と同じ。

⑦できたできた
手拍子を8回する。

⑧こびとさんのおくつ
胸の前で両手で小さな輪を作り、身体を揺らす。

年齢別アレンジ

★低年齢児には
子どもをひざの上にのせ左右に身体をリズミカルに揺らし、"とんとんとん"のところは保育者が手をとって手拍子をしましょう。

★3〜5歳児には
"○○ちゃんのおくつ"、"ウサギさんのおくつ"、"ゾウさんのおくつ"など、いろいろな靴をつくってみましょう。靴以外に服や手袋、かばんなども考えて表現豊かに行ないましょう。

ゲームで手あそび
ずいずいずっころばし

4〜5歳児

わらべうた　編曲：植田光子

歌詞：
ずいずいずっころばし　ごまみそずい　ちゃつぼにおわれて　とっぴんしゃんぬけた　らどんどこしょ　たわらのねずみがこめくって　チュウチュウチュウ　チュウ　おとさんがよんでもおかさんがよんでもいきっこなーし　よいどのまわりでおちゃわんかいたのだーれ

手あそび名人への道　いつ!?どのように!?

★鬼決めの手あそび
むかしから親しまれている鬼決めの手あそびで、年間を通して遊べます。数人で遊ぶと楽しいです。

★手あそびに入る前には
「手をグーにして前に出してね。歌に合わせて順番にみんなの手を触っていくからね」とことばがけをして、遊び始めてみましょう。

または、両手を軽く握って、前に出したり、引っ込めたりしてみましょう。ゆっくりとしたテンポから始めて、次第に速めていくと盛り上がっていくでしょう。保育者はテンポをはっきりと数えてあげることが大切です。

ずいずいずっころばし

1 丸く輪になり、両手を軽く握って前に出す。オニをひとり決める。

2 オニは、「ずいずいずっころばし…」とうたいながら、他の人のこぶしの中に右手の人さし指を入れていく。

3 うたい終わった時、オニの指が入っているこぶしをおろす。歌をうたう度に、こぶしがひとつずつ減っていく。

4 両方のこぶしが早くなくなった人が勝ち。最後に残った人が次のオニになる。

年齢別アレンジ

★低年齢児には

子どもをひざの上にのせます。保育者の指で子どもの手や顔や身体のいろいろな部分をつついて遊びましょう。

★3～5歳児には

円になります。音楽に合わせてボールを順番に隣の人に送っていきます。

慣れてきたら速さを変えてみましょう。テンポを保つために、早く抜けた人は手拍子や足拍子を入れると心地よいでしょう。

ゲームで手あそび
アルプス一万尺

作詞不詳　アメリカ曲　編曲：植田光子

4〜5歳児

(楽譜)

歌詞:
アルプス いちまんじゃく こやりの うーえで
アルペン おどりを おどりま しょう ヘイ
ラン ララ ラ ララ ラ ラ ラン ララ ラ ラ ラ ラ
ラン ララ ラ ララ ラ ラ ララ ラ ラ ラー

手あそび名人への道　いつ!?どのように!?

★手と手を合わせるスキンシップに
　2人組で楽しめる、子どもたちも大好きな手合わせあそびです。2人組を見つけ、左右の手を確認しながらゆっくり進めていきましょう。

★手あそびに入る前には
　ゲーム感覚で2人組になって手をつなぎましょう。

「手をつなげた組は座りましょう」といって、早くグループ作りをします。できていない子どもには早く手助けをしてあげましょう。保育者とグループになってもいいですね。これらの動作を何度か繰り返し、グループ作りの楽しさを感じさせましょう。

アルプス一万尺

①ア　両手打ちをする。

②ル　右手と右手を合わせる。

③プ　①と同じ。

④ス　左手と左手を合わせる。

⑤いち　①と同じ。

⑥まん　両手と両手を合わせる。

⑦じゃ　①と同じ。

⑧く　それぞれが両手をくんで、手のひらと手のひらを合わせる。

⑨こやりのうえで
⑩アルペンおどりを
⑪おどりましょうヘイ
⑫ランラララララララ
　ランラララララ
　ランラララララララ
　ラララララ
①〜⑧を7回繰り返す。

2番　3番　1番と同じ。

年齢別アレンジ

★低年齢児には
　子どもの両手をもち向かい合います。保育者がゆっくりと歌をうたいながら手拍子をして遊びましょう。リズミカルに子どもの身体に触れるだけでもうれしいですよ。

★3〜5歳児には
　"ランラランラン〜"の部分の動作を変えてみましょう。2人組で手をつないだり、また、手を交差してつないだりし、スキップをしてみましょう。

ゲームで手あそび

とんとんとんとんひげじいさん

1〜5歳児

作詞不詳　作曲：玉山英光　編曲：植田光子

（楽譜）

1段目：とん とん とん とん／ひげじいさん／とん とん とん とん／こぶじいさん

2段目：とん とん とん とん／てんぐさん／とん とん とん とん／めがねさん

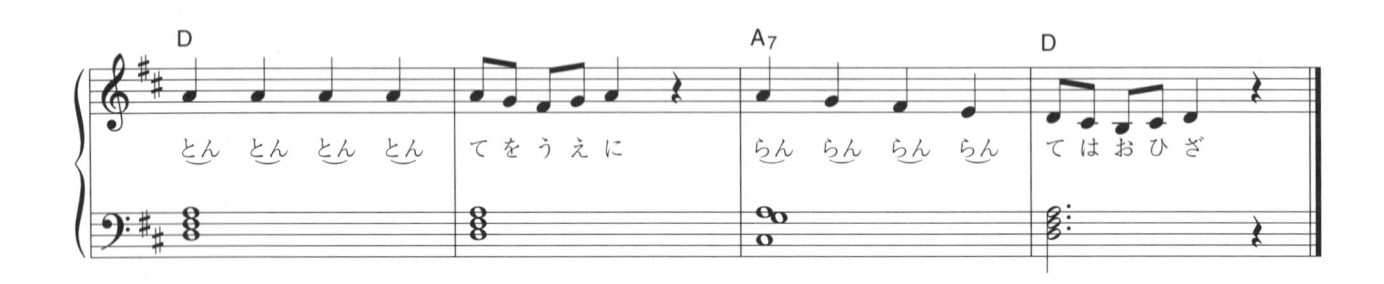

3段目：とん とん とん とん／てをうえに／らん らん らん らん／てはおひざ

手あそび名人への道　いつ!?どのように!?

★手あそびに入る前には
　両手を握りグーにしてみましょう。「さてこの手をどうしようかなあ…」と子どもたちに問いかけ、たくさん出てくる声の中から、手あそびにつなげていきます。とんとんとんとあわせて変身ごっこ。どんなものに変身できるかな？顔の表情を大げさにすると楽しくなるでしょう。

年齢別アレンジ

★低年齢児には
　保育者が子どもの両手をもって手あそびを楽しみましょう。

★3〜5歳児には
　"とんとんとんとん"の部分を2人組で手を合わせてたたいたり、肩をたたいたりしてみましょう。慣れてきたらテンポ・アップで。

とんとんとんとんひげじいさん

①とんとんとんとん 
両手をグーにして、上下交互にたたく。

②ひげじい 
右手をグーにして、あごの下につける。

③さん 
左手もグーにして右手のグーにつける。

④とんとんとんとん 
①と同じ。

⑤こぶじい 
右手をグーにして右ほおにつける。

⑥さん 
左手をグーにして左ほおにつける。

⑦とんとんとんとん 
①と同じ。

⑧てんぐ 
右手をグーにして、鼻につける。

⑨さん 
右手のグーに左手のグーをつける。

⑩とんとんとんとん 
①と同じ。

⑪めがね 
右手の人さし指と親指で輪を作り、右目に当てる。

⑫さん 
左手の人さし指と親指で輪を作り、左目に当てる。

⑬とんとんとんとん 
①と同じ。

⑭てをうえに 
両手を上にあげる。

⑮らんらんらんらん 
手のひらをこきざみに振りながら、腕をおろす。

⑯てはおひざ 
手のひらをひざに置く。

指の名前で手あそび
あおむしでたよ

作詞・作曲不詳　編曲：植田光子

3〜5歳児

キャベツの なかから あおむしでた
よ　ピッ　ピッ

1. とう　さん　あおむむ
2. かあ　さん　あおむむ
3. にい　さん　あおむむ
4. ねえ　さん　あおむむ
5. あか　ちゃん　あおむむ
6. ちょう　ちょに　あなりま

しししした

手あそび名人への道　いつ!? どのように!?

★ 指の動きを楽しんで
　グーとパーを交互に繰り返す手あそびです。親指から小指まで指をしっかり動かして遊んでみましょう。

★ 手あそびに入る前には
　「キャベツの中からお父さんあおむしが出てきたよ。次はお母さんあおむしかな？」保育者は指の名称を言いながら、その指に語りかけみんなでまねしてみましょう。好きなことばがけができるでしょうか。

あおむしでたよ

1番

①キャベツのなかから あおむしでた 
左右の手をグーパー・グーパーとして、グーパーのまま両手を合わせる。

②よ 
グーとグーで合わせる。

③ピッピッ 
指を右手、左手と1本ずつ出す。

④とうさんあおむし 
親指を出したまま左右に揺らす。

2番～5番

①キャベツのなかから あおむしでた
②よ
①②は1番と同じ。

③ピッピッ
それぞれの指を交互に出す。

- 2番 ④**かあさんあおむし**
- 3番 ④**にいさんあおむし**
- 4番 ④**ねえさんあおむし**
- 5番 ④**あかちゃんあおむし**

それぞれの指を出したまま左右に揺らす。

6番

①キャベツのなかから あおむしでた  
1番の①と同じ。

②よ 
1番の②と同じ。

③ピッピッ
両手を広げる。

⑧ちょうちょになりました 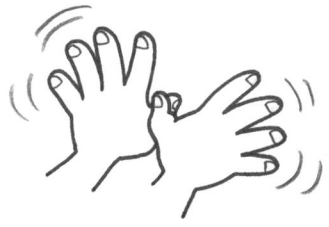
両方の手を広げ、親指と親指を重ねてひらひらさせる。

年齢別アレンジ

★低年齢児には
子どもをひざの上にのせます。子どもの手をもちいっしょに手あそびをしてみましょう。

★3～5歳児には
ペープサートをつかって遊んでみましょう。リズムあそびも取り入れてみましょう。①②で元気よく歩き、③で立ち止まって人さし指をたてて頭上にあげます。④で、頭上にあげたまま左右に揺らします。その後、友だちを見つけジャンケンをし、勝ったら先頭、負けたらその友だちの後ろにつき、また進みます。人数を増やし、全員で1列になるまで、繰り返していきましょう。

指の名前で

おはなしゆびさん

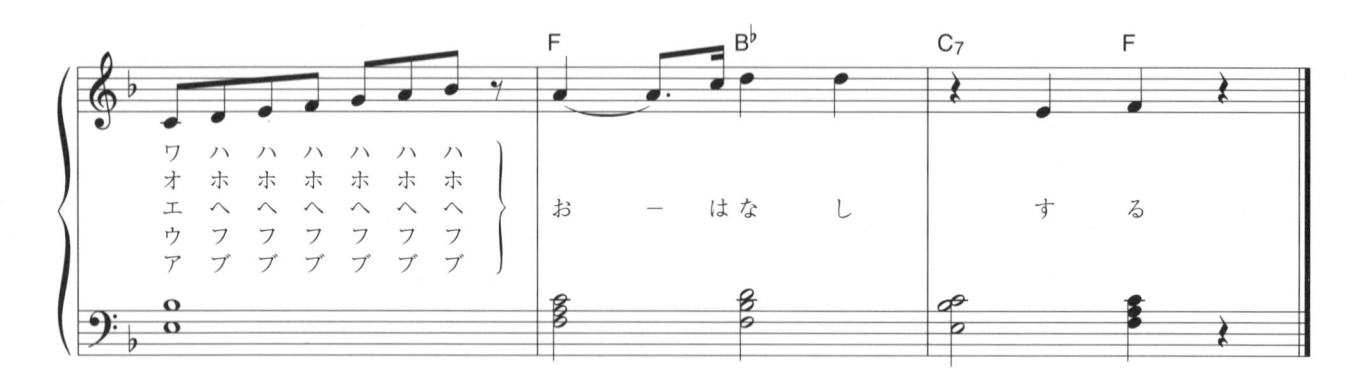

指の名前で手あそび

3～5歳児

作詞：香山美子　作曲：湯山昭　編曲：植田光子

1. このゆび パパ　ふとっちょ パパ　やまおや まのスラマ あやまオスラマ あやまオスラマ あやまオスラマ あスラマ
2. このゆび ママ　やさしい ママ
3. このゆび にいさん　せのたかい にいさん
4. このゆび ねえさん　おしゃれな ねえさん
5. このゆび あかちゃん　かわいい あかちゃん

ワオエウア　ハホヘフブ　ハホヘフブ　ハホヘフブ　ハホヘフブ

お－はなし　する

手あそび名人への道　いつ!? どのように!?

★しぜんに指の名前を覚える

むかしからある指あそびです。しぜんに指の名前が覚えられます。パパ（お父さん）は親指、ママ（お母さん）は人さし指、兄さんは中指、姉さんはくすり指、赤ちゃんは小指にたとえて遊びます。

★手あそびに入る前には

「今日はお友だちが来てくれました。指さんたちです。あれ？　指さんと指さんがお話を始めましたよ。この指はパパの指。いったい何をお話ししているのかな？」など、興味がもてるように話しかけてみましょう。指に耳を当てて話を聞き、指と保育者の会話を入れるなどしてみましょう。

おはなしゆびさん

【1番】

① このゆびパパ ふとっちょパパ

親指を立てて左右に揺らす。

② やあやあやあやあ

親指を立てて手首を振る。

③ ワハハハハハハ

笑っているように揺らす。

④ おはなし

手のひらを広げ、上から下へ丸く包むように。

⑤ する

2回手拍子。

【2番】 このゆびママ やさしいママ
まあまあまあまあ オホホホホホホ

【3番】 このゆびにいさん おおきいにいさん
オスオスオスオス エヘヘヘヘヘヘ

【4番】 このゆびねえさん おしゃれなねえさん
アラアラアラアラ ウフフフフフフ

【5番】 このゆびあかちゃん よちよちあかちゃん
ウマウマウマウマ アブブブブブブ

【1番】の①②③の動きを、それぞれの指に変えてする。

【2番】～【5番】

④ おはなし

【1番】の④と同じ。

⑤ する

【1番】の⑤と同じ。

年齢別アレンジ

★低年齢児には

子どもをひざの上にのせ、向かい合って座ります。保育者の指と子どもの指を合わせて遊んでみましょう。ボディグローブ（手袋の指先に動物や顔がついている）を持ってうたっても楽しいです。

★3～5歳児には

パパから赤ちゃんまで5つの役を決めます。5人1組になり輪になって座ります。歌に合わせて最初にパパ役が立ち、手あそびをします。"やあやあ…"になったらスキップで好きなところに出かけ、"おはなしする"で輪に戻ります。

指の名前で手あそび
とうさんゆびどこです

3〜5歳児

作詞不詳　外国曲　編曲：植田光子

1. とう さん ゆ び ど こ で す こ こ よ こ こ よ
2. かあ さん ゆ び ど こ で す
3. にい さん ゆ び ど こ で す
4. ねえ さん ゆ び ど こ で す
5. あか ちゃん ゆ び ど こ で す

ご き げん い か が　あり が と げん き です　で は また　さ よ な ら

手あそび名人への道　いつ!? どのように!?

★あいさつを身につける

おなじみの指あそびです。お父さん、お母さんなど指を家族にたとえて遊びます。指と指のあいさつを楽しみましょう。

★手あそびに入る前には

「この指は親指、親指は大きいからお父さんみたいだね。あれ？　お父さん指がかくれんぼしたよ。お父さん指、どこですか？」保育者の身体に隠していた手を出し「ここです、こんにちは」と返事をします。その後も続けてお母さん指…と行なってみましょう。

とうさんゆびどこです

1番

① とうさんゆびどこです

両手を後ろに隠す。

② ここよ

右手の親指を前に出す。

③ ここよ

左手の親指も前に出す。

④ ごきげんいかが

右手の親指を曲げる。

⑤ ありがとげんきです

左手の親指を曲げる。

⑥ ではまたさよなら

指を振りながら両手を後ろに隠す。

2番〜5番

2番 ① かあさんゆびどこです

3番 ① にいさんゆびどこです

4番 ① ねえさんゆびどこです

5番 ① あかちゃんゆびどこです

1番 の①と同じ。

②〜⑥ ここよここよ ごきげんいかが ありがとげんきです ではまたさよなら

1番 の②から⑥の動きを、それぞれの指に代えてする。

年齢別アレンジ

★低年齢児には

子どもをひざの上にのせ、向かい合います。子どもの片手と保育者の片手を使って遊んでみましょう。

★3〜5歳児には

①"とうさんゆび"、"かあさんゆび"の歌詞の部分を代えてみましょう。たとえば、"○○ちゃん"と子どもの名前を入れ、呼ばれた子どもは立っておじぎをして、保育者とのかけ合いでうたってみましょう。友だち同士でも行ってみましょう。

指の名前で手あそび
おへんじ ハイ

作詞・作曲：田中昭子　編曲：植田光子
振付：田中昭子

`3～5歳児`

おとうさん ハイおかあさん ハイおにいさん ハイおねえさん
ハイ そして ボク ハイ みんなで いっーしょに（ハァーイ!!）

①おとうさん
顔の前に親指を出す。

②ハイ
親指を出したまま両腕を元気に伸ばす。

③おかあさん
顔の前に人さし指を出す。

④ハイ
人さし指を出したまま②と同じ。

手あそび名人への道 いつ!? どのように!?

☆ **★元気な返事を身につける**

　指あそびを通して、指の名前を覚えること以外に、元気よく返事をすることも身につきます。
　「お父さん指は親指」と1本ずつ見せながら名前を覚えられるようにします。また、「先生のお父さんは低い声だから、低い声ではいの返事をするね」と声に変化を出しながら興味がもてるように話をすすめていきましょう。返事をはっきりすることで、返事の大切さをしっかり知らせていきます。「どの指が元気よく返事ができるかな？」などとことばがけをしながら、始めてみましょう。

おへんじ ハイ

⑤おにいさん
顔の前に中指を出す。

⑥ハイ
中指を出したまま②と同じ。

⑦おねえさん
顔の前にくすり指を出す。

⑧ハイ
くすり指を出したまま②と同じ。

⑨そして
手拍子を3回打つ。

⑩ボク
顔の前に小指を出す。

⑪ハイ
小指を出したまま②と同じ。

⑫みんなで いっしょに
手拍子を7回打つ。

⑬ハァーイ
5本の指を広げ、両腕を元気に伸ばす。

指の名前で

年齢別アレンジ

★低年齢児には
　ひざの上にのせて向かい合い、子どもの両手をもちます。声に強弱や高低をつけ楽しさを表現しましょう。

★3〜5歳児には
　身近な人の名前を入れてみましょう。指を立てながら、○○せんせい、えんちょうせんせい、友だちの名前を出し、5人の名前が出たらひとまず1番として終わります。次を始めるときは、また親指から順に立てながら名前を言っていきましょう。

指の名前で手あそび
5つのメロンパン

日本語詞：中川ひろたか　イギリス民謡　編曲：植田光子

3〜5歳児

1.〜6. パンやに
- のつのの
- のつのの
- のつのの
- のつのの
- のつのの
- のつのの
（いよつつのの / よみつたと / ふひつこ / ぜ　ロ）

メロンパン　ふんわりまるくて
おいしそう　こどもがおみせに　やってきて
"おじさん、メロンパンひとつちょうだい"
1.〜5. "ハイ、どうぞ"
6. "もうないよ"
メロンパンひとつ　かってった
なんにもかわずに　かえってった

手あそび名人への道　いつ!? どのように!?

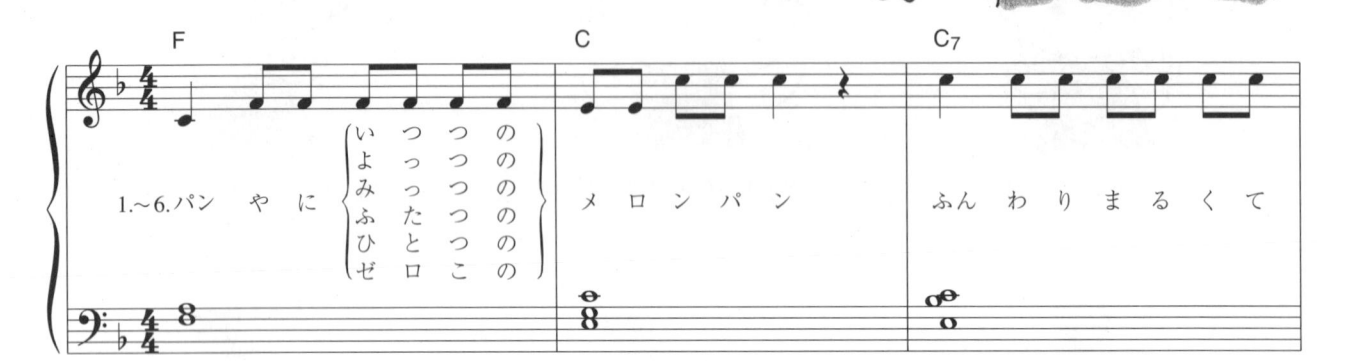

★手あそびに入る前には

　数字がでてくるおもしろい手あそびです。「パン屋さんに5つメロンパンがありました。子どもが1つ買ったのでパンは何個残ったでしょう？」5本指を立て、1つ減ったので指を4本にして、子どもたちに答えを求めてみましょう。ペープサートにしても楽しいでしょう。

年齢別アレンジ

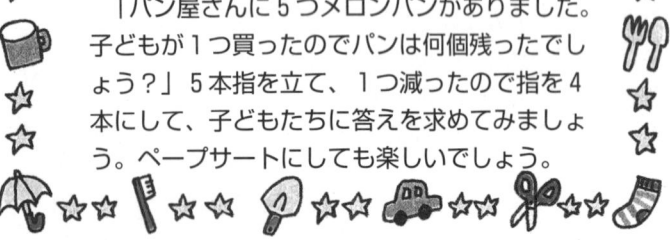

★低年齢児には

　リズムをとりながらゆっくりとうたってあげましょう。

★3〜5歳児には

　あんパン、クリームパン、カレーパンなど、メロンパン以外のパンも考えてみましょう。

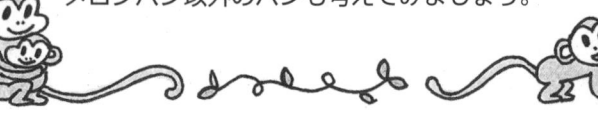

5つのメロンパン

1番

①パンやにいつつのメロンパン 
5本の指を出す。

②ふんわりまるくて 
両手で丸いパンを作る。

③おいしそう 
両手をほおにくっつけおいしそうにする。

④こどもがおみせにやってきて 
人さし指を子どもに見たて、5つのパンに近づけていく。

⑤「おじさん、メロンパンひとつちょうだい」 
人さし指を揺らし、話しかける。

⑥「ハイ、どうぞ」 
人さし指を使って、パーにした指をひとつおろす。

⑦メロンパンひとつかってった 
人さし指を振りながら離していく。

2番〜5番

①で指を1本ずつ減らしていき、5本の指がすべておりるまで①〜⑦を4回繰り返す。

6番

①パンやにゼロこのメロンパン
グーを出す。

②ふんわりまるくて

③おいしそう
②③は1番と同じ。

④こどもがおみせにやってきて
人さし指を子どもに見たて、グーの手に近づけていく。

⑤「おじさん、メロンパンひとつちょうだい」 
人さし指を揺らし、話しかける。

⑥「もうないよ」 
グーを左右に振る。

⑦なんにもかわずにかえってった 
しょんぼりと人さし指を振りながら離していく。

指の名前で手あそび
なかよしさん

作詞：阿部恵　作曲：家入脩　編曲：植田光子
振付：阿部恵

2～5歳児

歌詞：
- おとうさんと おかあさん なかよしさん
- おとうさんと おねえさん なかよしさん
- おとうさんと おにいさん なかよしさん
- おとうさんと あーかちゃん なかよしさん
- みーんな そろって はい なかよしさん

手あそび名人への道　いつ!? どのように!?

★集会や保育参観などに

　5本指を家族にたとえて遊びます。親指はお父さん、人さし指はお母さん、中指はお兄さん、くすり指はお姉さん、小指は赤ちゃんです。歌をうたいながら指の名前を覚えたり、「これは何の指でしょう？」と問いかけたりしてみましょう。

　また、名前を覚えること以外にいろんな指と指で輪を作ります。挑戦することがたくさんあります。楽しく始めてみましょう。

なかよしさん

①おとうさんと
右手の人さし指で、左手の親指をさす。

②おかあさん
右手の人さし指で、左手の人さし指をさす。

③なかよしさん
左手の親指と人さし指をつけ合う。

④おとうさんとおにいさん なかよしさん
　おとうさんとおねえさん なかよしさん
　おとうさんとあかちゃん なかよしさん
以下同様に、右手の人さし指で左手のそれぞれの指をさし、さした指同士でつけ合う。

⑤みんなそろって はい
右手の人さし指で親指から小指までさし示す。

⑥なかよしさん
5本の指全部をリズミカルにつける。

指の名前で

年齢別アレンジ

★低年齢児には
子どもをひざの上にのせ、向かい合って座ります。子どもの手をとり、1本ずつ指をさしながら歌をうたってみます。手の次は足の指で行なってみましょう。

★2〜5歳児には
両手を使って遊びます。両手を握りグーの状態にします。歌に合わせ、"お父さんとお母さん"の部分で親指と人さし指を1本ずつ立てます。その後も同じようにします。"みんなそろって"の部分は左右に揺らします。

指の名前で手あそび
あなのなか

作詞・作曲・編曲：植田光子

2〜5歳児

歌詞：
〔1.とうさん〕ゆび あなのなか あなのなか
みーんな あなのなか あなのなか

1番
〔とうさん〕ゆび あなのなか
あなのなか

左手の指を丸くして穴をつくり、右手の親指を入れる。

2番〜5番
〔かあさん〕ゆび あなのなか
あなのなか

〔　〕に、かあさん、にいさん、ねえさん、あかちゃんと入れてうたい、5本の指を順番に穴の中に入れていく。

6番
みんな あなのなか あなのなか

最後は5本の指全部をぎゅうぎゅう詰めにする。

手あそび名人への道　いつ!? どのように!?

★手あそびに入る前には
　初めは、指を開いてパーにしたり、握ってグーにしたりして、指を動かして楽しんでみましょう。2人で向かい合い、相手の手に触りっこをしたり、丸くした穴に「何が入っているのかな?」とのぞき合いをして、始めてみましょう。

年齢別アレンジ

★乳児には
　子どもの手をとり保育者の穴の中に指を入れ、指に触れる感触を楽しめるよう導きましょう。

★4〜5歳児には
　円になって座り、隣の友だちの穴の中に指を入れたり、どの指になるのか保育者の合図に従って遊んでも、さらにおもしろくなるでしょう。

ジャンケン手あそび
ずっとあいこ

作詞・作曲：阿部直美　編曲：植田光子
振付：阿部直美

`3〜5歳児`

歌詞：

1. かにさんと　かにさんが　ジャンケンケン　したらら　チョキチョキチョキチョキ　チョキチョキチョキチョキ　ずーっと　と　あいいここ
2. くまさんと　くまさんが　ジャンケンケン　したらら　グーグーグーグー　グーグーグーグー　ずーっと　と　あいいここ
3. あひるさんと　あひるさんが　ジャンケン　したら　パーパーパーパー　パーパーパーパー　ずーっと　と　あああ　いいい　ここ

1番

①かにさんとかにさんが 
両手をチョキにして、前で左右に振る。

②ジャンケンしたら 
拍手を8回する。

③チョキチョキ チョキチョキ　チョキチョキ チョキチョキ 
チョキの形の手を右、左、右、左…と交互に前に出す。

④ずーっとあいこ 
チョキの手を両手そろえて前に出し、「あいこ」で3回拍手する。

2番はグー、3番はパーの手で遊ぶ。

手あそび名人への道　いつ!? どのように?

★手あそびに入る前には

チョキを覚えるきっかけになる手あそびです。保育者は両手でチョキを出します。「チョキとチョキのカニさんがやってきました。カニさんはジャンケンをして遊ぶことにしました。どっちのカニさんが勝つかな？」とことばがけをして、チョキのカニに興味をもてるようにしましょう。

年齢別アレンジ

★低年齢児には

子どもをひざの上にのせ、両手をもって遊んでみましょう。

★3〜5歳児には

2人1組になり、いろいろな動物の名前に代えて遊んでみましょう。
足の指でも遊んでみましょう。

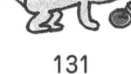

ジャンケン手あそび
ぐうちょきぱあ

作詞：青木剛志　作曲：峯 陽　編曲：植田光子

3～5歳児

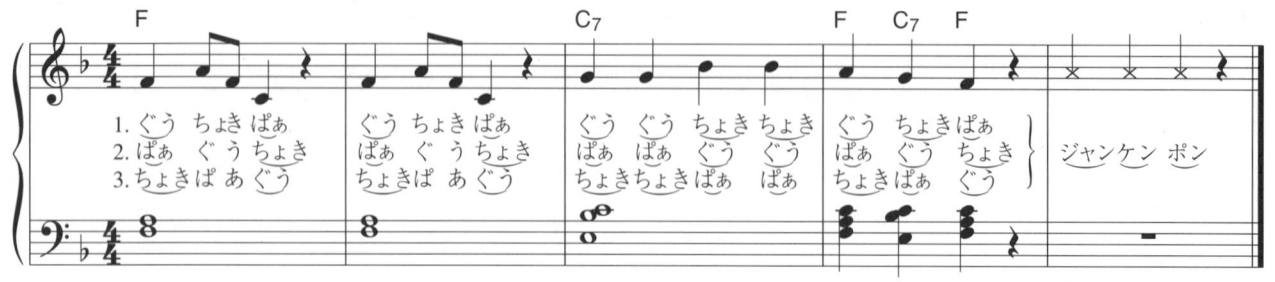

楽譜：
1. ぐう ちょき ぱぁ　ぐう ちょき ぱぁ　ぐう ぐう ちょき ちょき　ぐう ちょき ぱぁ　ジャンケン ポン
2. ぱぁ ぐう ちょき　ぱぁ ぐう ちょき　ぱぁ ぱぁ ぐう ぐう　ぱぁ ぐう ちょき
3. ちょき ぱぁ ぐう　ちょき ぱぁ ぐう　ちょき ちょき ぱぁ ぱぁ　ちょき ぱぁ ぐう

歌に合わせてグーチョキパーを出す。

ポン！

最後にジャンケンをする。

〈足ジャンケン〉
- グー：両足をそろえる。
- チョキ：足を前後に開く。
- パー：足を横に開く。

〈身体ジャンケン〉
- グー：身体をかがめる。
- チョキ：両手を腰に置く。
- パー：両手両足を広げる。

手あそび名人への道　いつ!? どのように!?

★初めてのグーチョキパー遊びに
　初めてのジャンケンあそびにぴったりです。グーチョキパーの形を見せながら、名前と手の形を知らせます。ペープサートを作り、グーはチョキに強い、チョキはパーに強い、パーはグーに強いということを話すのもよいでしょう。

年齢別アレンジ

★低年齢児には
　子どもをひざの上にのせ、子どもの手をもって、"ぐうちょきぱあ"を知らせてあげましょう。

★3～5歳児には
　足を使ってジャンケンあそびをしてみましょう。勝負をして、負けたら勝った人の肩をたたくなどのルールを取り入れてみましょう。

ジャンケン手あそび
グーチョキパーでうたいましょう

作詞・作曲：植田光子

2～5歳児

〔グー　グー　パー〕　〔グー　グー　パー〕
トン　トン　トン　トン　トン　トン　トン

〔グーグーパー〕
〔 〕にグー・チョキ・パーのいずれかの言葉を入れて、うたいながら動作をする。 

〔グーグーパー〕 
子どもも同じようにうたいながらグーチョキパーをする。

〔トントントントントントントン〕 
こぶしを交互に重ねる。

子どもたちに次の動作は何なのかをはっきりと伝える。うたい終わったとき、保育者は子どもの次の動作の準備状況をしっかりと確認し、急がずにゆっくりと間を取ってから、繰り返しうたう。

手あそび名人への道　いつ!?どのように!?

★手あそびに入る前には
　子どもひとりひとりが順番に、自分の好きな形（グー・チョキ・パー）を友だちに見せてみましょう。グー・チョキ・パーの組み合わせもいろいろ出てきて、楽しくなります。同じ形を表すととても喜びますよ。

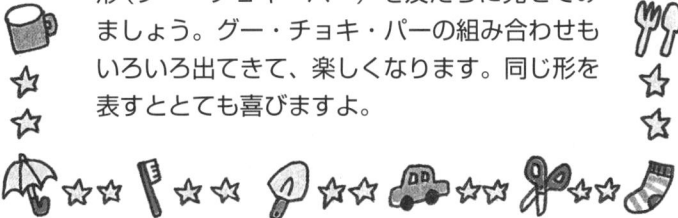

年齢別アレンジ

★低年齢児には
　保育者が手をとって、ことばがけをしながら3つの形を示してあげましょう。

★4～5歳児には
　グー（カスタネット）、チョキ（スズ）、パー（タンバリン）等、打楽器を決めて、その歌詞のリズムを打っても楽しいでしょう。

ジャンケン手あそび
げんこつ山のたぬきさん

わらべうた　編曲：植田光子

1〜5歳児

げん こつ やま の　た ぬき さん　おっ ぱい のん で　ねん ね して　だっ こ して おん ぶ して また あした

手あそび名人への道　いつ!?どのように!?

★ 保育参観や集会、未就園児とのあそびに
　よく知られているジャンケンあそびの曲です。親子が集まる時にも楽しめます。難しいジャンケンをしなくても、最後は抱きしめてあげるなどするとスキンシップにもなります。

★ 手あそびに入る前には
「げんこつやまのたぬきさんのジャンケンあそびを知っていますか？」とことばがけをし、ジャンケンの勝敗を確認します。「チョキにつよいのは？」「パーに強いのは？」「グーに強いのは？」最初は子どもたちと保育者で遊んでみましょう。慣れてきたら2人組で遊んでみましょう。

げんこつ山のたぬきさん

①げんこつやまの たぬきさん

握りこぶしをつくり、左右交互に重ねる。

②おっぱいのんで

口元でおっぱいを飲むしぐさをする。

③ねんねして

左右の手を合わせ、左ほおと、右ほおに順番に当てる。

④だっこして

赤ちゃんを抱っこするしぐさをする。

⑤おんぶして

おんぶするしぐさをする。

⑥またあし た

かいぐりをし、「た」でジャンケンをする。

ジャンケン

年齢別アレンジ

★低年齢児には
子どもをひざの上にのせ、向かい合って遊びましょう。スキンシップを楽しみましょう。

★3〜5歳児には
ジャンケンに負けたらおんぶをしたり、だっこをしたり、ルールを作り遊んでみましょう。他にも、足ジャンケンをしてみましょう。
あまり無理な動きをしないように注意しながら見守ってあげましょう。

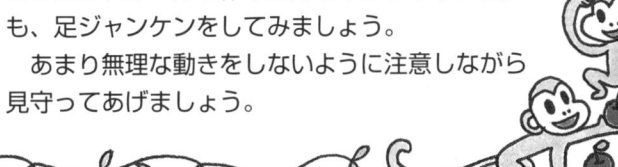

ジャンケン手あそび
グーチョキパーがやってきた

作詞・作曲：新沢としひこ　編曲：植田光子
振付：新沢としひこ

2～3歳児

歌詞（楽譜より）

1. グー グー グー が／やって きた／グー グー グー が／やって きた／おなかが すいたよ／グー グー グー グー／そろそろ ねむいよ／グー グー グー グー／グッ グッ グ／パッ パッ パ
2. チョキ チョキ チョキ が／やって きた／チョキ チョキ チョキ が／やって きた／おいらは カニだよ／チョキ チョキ チョキ チョキ／はさみで かみのけ／さよなら しましょう／チョキ チョキ チョキ チョキ／バイ バイ バイ バイ
3. パー パー パー が／やって きた／パー パー パー が／やって きた／てを たたきましょう／パン パン パン パン／パー パー パー パー

---

① グーグーグーがやってきた
　グーグーグーがやってきた
両手をグーにして振る。 

② おなかがすいたよ
　グーグーグーグー 
おなかをおさえる。

③ そろそろねむいよ
　グーグーグーグー  
こぶしを顔の横に当て、寝るしぐさをする。

④ グーグーグーグー 
①と同じ。

手あそび名人への道　いつ！？どのように！？

★**保育参観や集会に**
　グーチョキパーを楽しく覚えられる手あそびです。全員で元気よくグーチョキパーを出して、グーチョキパーでできるものを表現してみましょう。正確にグーチョキパーができなくても、「グーグーグー」「チョキチョキチョキ」「パーパーパー」の音の繰り返しを楽しむようにしましょう。

★**手あそびに入る前には**
　保育者が両手でグーチョキパーを見せます。「グーでこんなことできるよ」とおなかを押さえ「おなかがすいたよグーグー」と歌詞に出てくる内容を知らせて興味をもてるようにしていきます。

グーチョキパーがやってきた

⑤グッグッグ 
両手を上にあげて振る。

⑥チョキチョキチョキがやってきた チョキチョキチョキがやってきた 
両手をチョキにして振る。

⑦おいらはカニだよチョキチョキチョキチョキ 
両手を左右に振る。

⑧はさみでかみのけチョキチョキチョキチョキ 
髪の毛を切るしぐさをする。

⑨チョキチョキチョキチョキ 
⑥と同じ。

⑩チョキチョキチョキ 
両手を上にあげて振る。

⑪パーパーパーがやってきた パーパーパーがやってきた 
両手をパーにして振る。

⑫てをたたきましょう パンパンパンパン 
手をたたく。

⑬さよならしましょう バイバイバイバイ 
両手を振る。

⑭パーパーパーパー  
⑪と同じ。

⑮パッパッパ 
両手を上にあげて振る。

ジャンケン

年齢別アレンジ

★低年齢児には
子どもをひざの上にのせ、向かい合って座ります。子どもの両手をとって遊んでみましょう。

★3～5歳児には
両手両足を使って"ぐうちょきぱあ"を表現します。①"グーグーグーがやってきた"の部分はジャンプをしながら進みます。あとは手あそびといっしょです。1つの動きを全身を使ってすると、他の動きもしぜんと大きくなります。

ジャンケン手あそび
グーチョキパーでなにつくろう

2〜5歳児

作詞不詳 外国曲 編曲：植田光子

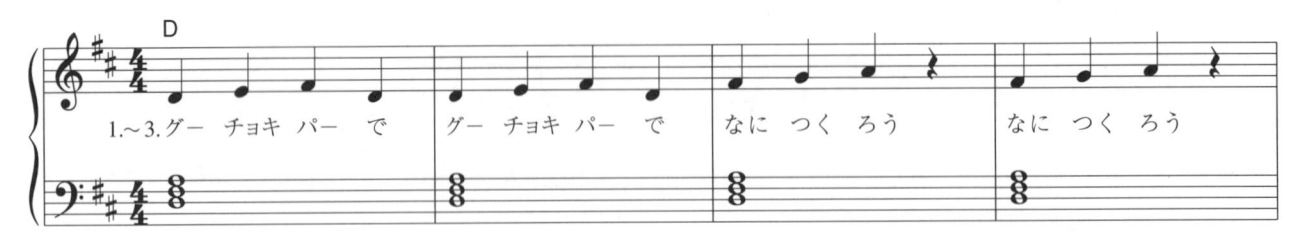

♪ グーチョキパーで グーチョキパーで なにつくろう なにつくろう
みぎてが チョキで みぎてが パーで みぎてが チョキで
ひだりても チョキで ひだりても パーで ひだりてが グーで
かにさん ちょうちょ かたつむり
かにさん ちょうちょ かたつむり

1番

①グーチョキパーで グーチョキパーで

歌に合わせて、両手でグーチョキパーを出す。

②なにつくろう なにつくろう

両手をパーにして、左右に揺らす。

手あそび名人への道　いつ!? どのように!?

★大人数が集まる集会、保育参観などに
　みんなに親しまれている手あそびのひとつです。グーチョキパーを覚えたり、いろいろな形に見たてたりして遊べます。

★手あそびに入る前には
　両手を使って変身ごっこをしましょう。グーの手、チョキの手、パーの手を合わせるといろいろな形ができあがります。ゆっくりみんなでグーチョキパーの確認をしたら、変身ごっこの始まりです。何ができるかな？

グーチョキパーで なにつくろう

③ みぎてがチョキで 
右手でチョキを出す。

④ ひだりてもチョキで 
左手もチョキを出す。

⑤ かにさん かにさん 
指先を開いたり閉じたりしながら顔の前で揺らす。

2番 ①②は**1番**と同じ。

③ みぎてがパーで 
右手でパーを出す。

④ ひだりてもパーで 
左手もパーを出す。

⑤ ちょうちょ ちょうちょ 
親指と親指を重ねて、ヒラヒラさせる。

3番 ①②は**1番**と同じ。

③ みぎてがちょきで 
右手でチョキを出す。

④ ひだりてがグーで 
左手でグーを出す。

⑤ かたつむり かたつむり 
チョキにした手の甲の上に、左手のグーを乗せる。

年齢別アレンジ

★低年齢児には
　子どもをひざの上にのせて向かい合い、手をとって遊びましょう。
　低年齢児はグーチョキパーはできませんが、保育者のグーチョキパーの動きに興味を持つでしょう。

★3〜5歳児には
　いろいろな形を考えてみましょう。グーとグーでアンパンマン、パーとグーでヘリコプター、パーとパーで頭の上にあてウサギなど。

✾ジャンケン手あそび✾
お寺のおしょうさん

4～5歳児

わらべうた　編曲：植田光子

せっ せっ せー の　よい よい よい　おて ら の　お しょう
さん が　か ぼ ちゃ の　た ね を
ま き ま し た　め が で て
ふくらんで　は な が さいたら　ジャン ケン ポン　(あい こ で しょ)

手あそび名人への道　いつ!?どのように!?

★手あそびに入る前には
　「お寺のおしょうさんというジャンケンあそびをしたことがありますか？右手と右手をパチンと合わせ、左手と左手をパチンと合わせます。右手はどっち？左手は？」目印になるものや子どもが身につけている物で左右を知らせてみましょう。

年齢別アレンジ

★低年齢児には
　子どもをひざの上にのせ両手をとって、ジャンケンよりもそれまでの動きを楽しみましょう。

★4～5歳児には
　2人組になり円になります。⑫の後に間奏を入れ、勝ち…手をキラキラする、負け…手拍子、あいこ…握手をして繰り返します。

お寺のおしょうさん

①せっせっせーのよいよいよい 
両手をつなぎ、リズムに合わせて両手を上下に振る。

②-Ⓐお 
拍手を1回する。

②-Ⓑて 
お互いの右手（左手）のひらを打ち合わせる。

②-Ⓒら 
拍手を1回する。

②-Ⓓの 
お互いの左手（右手）のひらを打ち合わせる。

③おしょうさんが
④かぼちゃの
⑤たねを
⑥まきまし
②のⒶ～Ⓓを4回繰り返す。

⑦た 
お互いの両手のひらを打ち合わせる。

⑧めがでて 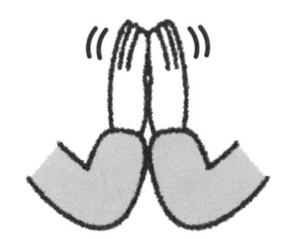
自分の両手を合わせる。

⑨ふくらんで 
両手の甲を左右にふくらませる。

⑩はながさいたら 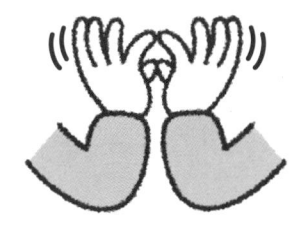
指先をはなす。

⑪ジャンケン 
かいぐりをする。

⑫ポン 
ジャンケンをする。

⑬あいこでしょ　⑫でジャンケンがあいこになったら⑧に戻り、勝負が決まるまで繰り返す。

ジャンケン手あそび
はやしのなかから

3～5歳児

わらべうた　編曲：植田光子

は　や　し　の　／　と　う　ふ　や　さ　ん　の
な　か　か　ら　／　あ　と　か　ら
お　ぼう　さん　が　／　お　まわり　さん　が
チン　チン　／　エッヘン　オッホン
お　ぼう　さん　の　／　お　まわり　さん　の
あ　と　か　ら
とう　ふや　さん　が　／　こ　ど　も　が
プー　プー　／　ジャン　ケン　ポン

①はや
1回手をたたく。 

②しの 
手合わせをする。

③なかから おぼうさんが 
①②を2回繰り返す。

手あそび名人への道　いつ!? どのように!?

★集会や保育参観に
　楽しい動きのあるわらべうたです。
　人物が次から次に登場し、続いていく楽しさがあります。

★手あそびに入る前には
　「今日はものまねごっこをしてみたいけど、どんな動きがいいか教えてね」と、関心がもてるようにします。「おぼうさんは？」「おまわりさんは？」など、歌詞に出てくるものをまねしていきましょう。

はやしのなかから

④チンチン
右手の人さし指で手のひらを2回打つ。

⑤おぼうさんのあとから とーふやさんが
①②を3回繰り返す。

⑥プープー
こぶしを重ね、ラッパを吹くまねをする。

⑦とーふやさんのあとから おまわりさんが
①②を3回繰り返す。

⑧エッヘンオッホン
両手を腰にあてて胸を張る。

⑨おまわりさんのあとから こどもが
①②を3回繰り返す。

⑩ジャンケンポン
ジャンケンをする。

勝ったらバンザイ、負けたらおじぎをする。
あいこのときは、両手を腰に当てる。

年齢別アレンジ

★低年齢児には
　子どもをひざの上にのせ、向かい合って座り遊びます。子どもの手をとり、リズミカルに揺れましょう。④"チンチン"、⑥"プープー"、⑧"エッヘンオッホン"、⑩"ジャンケンポン"は強調してうたい、軽く弾みましょう。

★3～5歳児には
　"はやしのなかから"の次の歌詞を変えてみましょう。"ウサギさんがピョンピョン"…ジャンプする。"さかなやさんがいらっしゃい"…手拍子2回。"車掌さんが出発進行"…指を前に出す。"コックさんがトントントン"…包丁で切るまねをする。

ジャンケン手あそび
おちゃらかホイ

わらべうた　編曲：植田光子

4〜5歳児

歌詞：
おちゃらか おちゃらか おちゃらか ホイ
おちゃらか｛かったら／まけたら／あいこで｝たたこ よよで おちゃらか ホイ

①おちゃ
自分の手のひらを打つ。 

②らか
右手で左手のひらを打つ。

手あそび名人への道　いつ!?どのように!?

★**集会や、敬老の日の集いなどに**
　2人組で楽しむジャンケンあそびで、勝負後の動きがとてもおもしろいです。むかしからある広く知られたわらべうたなので、敬老の日の集いにも楽しめます。
　ジャンケンを繰り返していくうちに、次第にスピードが速くなっていくのもおもしろさのひとつです。

★**手あそびに入る前には**
　「勝った負けたを全身で表現するとしたら、どんなかんじかな？」などとことばがけをして、始めてみましょう。

おちゃらかホイ

③おちゃらか おちゃらか

①②を2回繰り返す。

④ホイ

ジャンケンをする。

⑤おちゃらかかったよ（まけたよ）

勝ったら両手をあげてバンザイをする。
負けたら泣くまねをする。

⑤'おちゃらかあいこで

あいこの場合は胸で両手を組む。

⑥おちゃらか

①②を繰り返す。

⑦ホイ

④と同じ。
その後、⑤(⑤')⑥⑦を繰り返す。

年齢別アレンジ

★低年齢児には
子どもをひざの上にのせたり、向かい合って座ったりします。月齢の低い場合は、子どもの両手をもち、いっしょに楽しみましょう。3歳児は、保育者といっしょにゆっくり遊んでみましょう。

★4〜5歳児には
勝負後の動きに変化をつけてみましょう。"かったよ"は、片方のこぶしを振りあげ、もう片方は腰に、両足はジャンプしながら開きます。"まけたよ"は、おしりをつけないようにしゃがみます。"あいこ"は握手をします。

いっぱいはしない

1人になった子は、先生がホジョで入る

2人組で出る
年少は、3回くらい

3人より上はあいこが続く。

✲✲どうぶつ手あそび✲✲
はるなつあきふゆ

作詞：浅野ななみ　作曲：佐倉智子　編曲：植田光子
振付：浅野ななみ

0～5歳児

1. はる は モグラも おさんぽで なつは セミさん ミンミンミン
2. あき は コオロギ くさのなか ふゆは ミミズク ホーホーホー

①はるはモグラも おさんぽで
子どもの手をとり、人さし指と中指で手首から肩まで歩いていく。 

②なつはセミさん ミンミンミン
曲に合わせて子どもの鼻を押さえ、子どもはセミの鳴きまねをする。

③あきはコオロギ くさのなか
子どもの髪の毛を触わる。

④ふゆはミミズク
子どもの耳を軽く引っぱる。

⑤ホーホーホー
子どものほおを両手で軽く3回押さえる。

手あそび名人への道　いつ!? どのように!?

★**スキンシップを楽しんで**
スキンシップを楽しむ顔あそびです。子どもをひざの上にのせたり向かい合ったりします。保育者が歌をうたいながらやさしく顔にタッチしましょう。

年齢別アレンジ

★**低年齢児には**
保育者が歌いながらやさしく子どもの顔に触れて喜ばせましょう。

★**4～5歳児には**
友だちと2人組になって遊んでみましょう。
春・夏・秋・冬に出てくる動物を考えてみましょう。

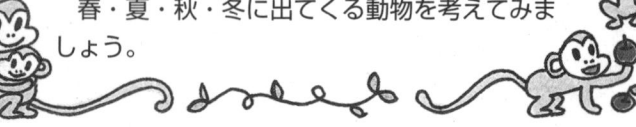

どうぶつ手あそび
かたつむり

文部省唱歌　編曲：植田光子

2〜5歳児

歌詞：
でんでん むしむし かたつむり
おまえの あたまは どこにある
つのだせ やりだせ あたまだせ

でんでん むしむし かたつむり
おまえの めだまは どこにあ
つのだせ やりだせ めだまだせ

1番

用意　両手の親指と人さし指を合わせる。

①でん　右手の親指を人さし指につける。

②でん　右手の人さし指を離す。

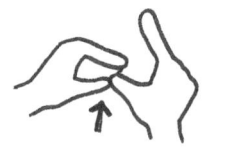

③むし　左手の親指を右手の親指につける。

④むし　左手の人さし指を右手の人さし指につける。

⑤かたつむり　①〜④の動作を繰り返す。

⑥おまえのあたまは　①〜④の動作を繰り返す。

⑦どこにある　①〜④の動作を繰り返す。

⑧つのだせやりだせ　①〜④の動作を繰り返す。

⑨あたまだせ　①〜④の動作を繰り返す。

2番
1番の①〜④の動作を6回繰り返す。

手あそび名人への道　いつ!? どのように!?

★**手あそびに入る前には**
「雨の大好きなカタツムリが園に遊びにきました」保育者はグーとチョキを組み合わせカタツムリをつくります。「この部屋が気に入ったようでお散歩をはじめましたよ」子どもたちの前を歩き回り、保育者がカタツムリになって会話を楽しんでみましょう。

年齢別アレンジ

★**低年齢児には**
保育者の親指と人さし指を、子どもの身体にはわせて遊んでみましょう。

★**3〜5歳児には**
歌に合わせて手拍子をし、⑤は両手の人さし指を肩から頭上にあげ、⑦で考えるポーズ、⑨, ⑩は⑤と同じ動きで遊んでみましょう。

✲✲どうぶつ手あそび✲✲
チョキチョキとこやさん

3〜5歳児

作詞・作曲：新井芙美子　編曲：植田光子
振付：新井芙美子

歌詞：
1. かにさんが　かにさんが　チョキチョキチョキチョキ　とこやさん
2. ライオンが　ライオンが　モジャモジャモジャモジャ　シャンプーした
3. かえるくんが　かえるくんが　もみもみもみもみ　マッサージ

1番
①かにさんがかにさんが
チョキを身体の前に片方ずつ出す。 

②チョキチョキチョキチョキとこやさん 
相手の頭を切るしぐさをする。

2番
①ライオンがライオンが
パーを身体の前に片方ずつ出す。

②モジャモジャモジャモジャシャンプーした 
相手の髪をモジャモジャする。

3番
①かえるくんがかえるくんが 
身体の前に片方ずつ両手を出し、パクパクさせる。

②もみもみもみもみマッサージ 
肩や身体をもみほぐす。

手あそび名人への道　いつ!? どのように!?

★**手あそびに入る前には**
　2人組で楽しみましょう。
　「床屋さんって何をするところか知ってる？」「チョキチョキ髪の毛を切ったりシャンプーしたりするところ、みんなで床屋さんごっこをしてみましょう」などことばがけをして、2人組であそびを楽しみましょう。

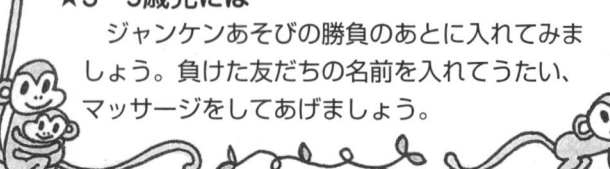

年齢別アレンジ

★**低年齢児には**
　子どもをひざの上にのせ、"チョキ…"、"モジャ…"の動作を楽しくしてあげましょう。

★**3〜5歳児には**
　ジャンケンあそびの勝負のあとに入れてみましょう。負けた友だちの名前を入れてうたい、マッサージをしてあげましょう。

どうぶつ手あそび
魚がはねて

作詞・作曲：中川ひろたか　編曲：植田光子

2〜5歳児

歌詞：
- さかなが はねて ピョン あたまに くっついた ぼうし
- さかなが はねて ピョン おなかに くっついた デベソ
- さかなが はねて ピョン おむねに くっついた オッパイ

1番

①さかながはねて
両手のひらを合わせて少しふくらませ、魚が泳ぐようなしぐさをする。

②ピョン
腕を前上に伸ばして魚が飛び出すように指先を広げる。

③あたまにくっついた ぼうし
両手を頭の上に置く。

2番　①②は 1番 と同じ。

③おなかにくっついた デベソ
お腹に手をやる。

3番　①②は 1番 と同じ。

③おむねにくっついた オッパイ
胸に手をやる。

手あそび名人への道　いつ!?どのように!?

★**集会や、降園前の忘れ物確認に**
　両手で魚の形をつくり、身体のいろいろな部分やまわりの物にくっつけます。

★**手あそびに入る前には**
　「元気な魚がやってきました。元気すぎて、ピョンピョンはねて、頭にくっついてしまいました」など、歌詞に関連づけていきましょう。

年齢別アレンジ

★**低年齢児には**
　"ピョン"といっしょに、やや上に抱き上げてみましょう。何度もすると期待感が膨らみます。

★**3〜5歳児には**
　"○○にくっついた"の部分を考えてみましょう。おめめ…めがね、おみみ…イヤリング又はピアス、手首…時計、胸…名札

どうぶつ

どうぶつ手あそび
のねずみ

作詞不詳　外国曲　編曲：植田光子

3〜5歳児

① いっぴきの のねずみが
② あなぐらに あつまって
③ チュチュッチュチュ チュチュチュッチュ チュッと
④ おおさわぎ

片方の手の人さし指を左右に振りながら、出す。

反対の手も同じように人さし指を左右に振りながら出す。

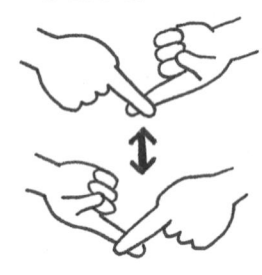

両手の人さし指を、8回上と下に交互に合わせる。

両方の手を上げ、くるくるさせながらおろし、手を後ろに隠す。

①の「いっぴき」を、2ひき、3びき、4ひき、5ひきと増やして②から⑤を繰り返す。

手あそび名人への道　いつ!? どのように!?

★手あそびもお話風に
　ネズミがどんどん増えていく手あそびも子どもたちは大好きです。
　「1匹のネズミが穴の中に飛び込んでいきました。またネズミがやってきて同じように飛び込みました。いったい何匹集まってくるのかな？」歌詞の内容にそって、お話風にしてみましょう。

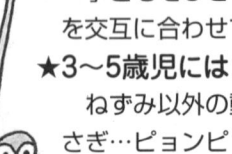

年齢別アレンジ

★低年齢児には
　子どもをひざの上にのせ、"チュチュ…"で手を交互に合わせて遊んでみましょう。
★3〜5歳児には
　ねずみ以外の動物も入れてみましょう（のうさぎ…ピョンピョンピョン　こいぬ…ワンワンワンなど）。

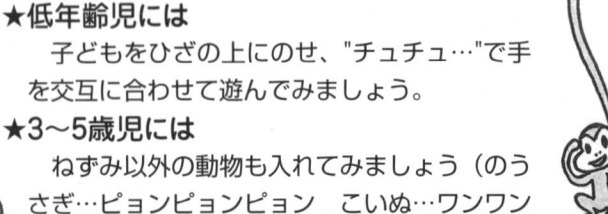

どうぶつ手あそび
一本ばし二本ばし

作詞：湯浅とんぼ　作曲：中川ひろたか　編曲：植田光子

3～5歳児

歌詞：
1. いっ ぽん ば し　いっ ぽん ば し　おやまになっちゃった
2. に ほん ば し　に ほん ば し　めがねになっちゃった
3. さん ぽん ば し　さん ぽん ば し　くらげになっちゃった
4. よん ほん ば し　よん ほん ば し　おひげになっちゃった
5. ご ほん ば し　ご ほん ば し　ことりになっちゃった

1番
①いっぽんばし　いっぽんばし
人さし指を片方ずつ出す。 

②おやまになっちゃった 
両手の人さし指の先を合わせる。

2番
③にほんばし　にほんばし 
2本の指を片方ずつ出す。

④めがねになっちゃった 
2本の指を開いて、目につける。

3番
①さんぼんばし　さんぼんばし
3本の指を片方ずつ出す。

②くらげになっちゃった 
3本の指を出しおなかのあたりでぶらぶらさせる。

4番
①よんほんばし　よんほんばし
4本の指を片方ずつ出す。

②おひげになっちゃった 
手のひらを内側にして、4本の指をほおにつける。

5番
①ごほんばし　ごほんばし
5本の指を片方ずつ出す。

②ことりになっちゃった 
5本の指を広げて、ヒラヒラさせる。

手あそび名人への道　いつ!? どのように!?

★手あそびに入る前には
　両手の指を使って遊びます。
「指1本と1本で何に見える？」「2本と2本は？」などとことばがけをして、形を想像しながらあそびへつなげていきましょう。

年齢別アレンジ

★低年齢児には
　子どもをひざの上にのせ、向かい合って遊びましょう。
★4～5歳児には
　2人組になり、お互いにまねっこをしながらやってみましょう。

✽✽どうぶつ手あそび✽✽
1丁目のドラねこ

作詞・作曲：阿部直美
振付：阿部直美

3〜5歳児

歌詞：
1ちょうめの ドラねこ 2ちょうめの クロねこ
3ちょうめの ミケねこ 4ちょうめの トラねこ
5ちょうめの ねずみは おいかけられて
あわてて にげこむ あなのなか ニャオー

手あそび名人への道 いつ!? どのように!?

★数字を覚えるきっかけに
指を使って数字を覚えるきっかけになる手あそびです。初めはゆっくりと、指さしながらうたっていきましょう。

★手あそびに入る前には
「1丁目に出てくるネコはドラネコ。2丁目は何ネコでしょう？」など、クイズを出してみてもいいですね。その後ゆっくりいっしょに手あそびをしてみましょう。

1丁目のドラねこ

① 1ちょめのドラねこ

右手の人さし指で左手の親指を4回たたく。

② 2ちょめのクロねこ

同じように左手の人さし指を4回たたく。

③ 3ちょめのミケねこ

左手の中指を4回たたく。

④ 4ちょめのトラねこ

左手の薬指を4回たたく。

⑤ 5ちょめのネズミは

左手の小指を4回たたく。

⑥ おいかけられて あわててにげこむ

両手の人さし指を曲げ、そろえて右へ4回、次に左に4回動かす。

⑦ あなのなか

左手の親指と人さし指で円を作り、右手の人さし指を円の中に入れる。

⑧ ニャオー

両手でネコの耳を作って頭へ持っていく。

年齢別アレンジ

★低年齢児には

子どもをひざの上にのせ、向かい合って遊びましょう。最後の"ニャオー"のところで、子どもをくすぐっても楽しいですね。

★3～5歳児には

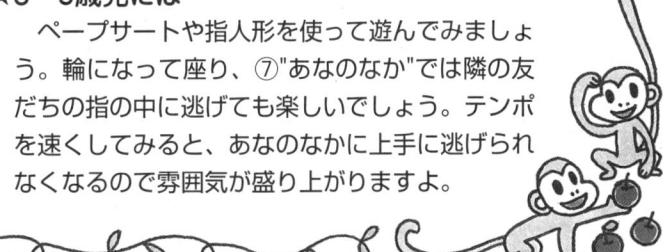

ペープサートや指人形を使って遊んでみましょう。輪になって座り、⑦"あなのなか"では隣の友だちの指の中に逃げても楽しいでしょう。テンポを速くしてみると、あなのなかに上手に逃げられなくなるので雰囲気が盛り上がりますよ。

どうぶつ手あそび
1ぽんと1ぽんで

作詞不詳　外国曲　編曲：植田光子

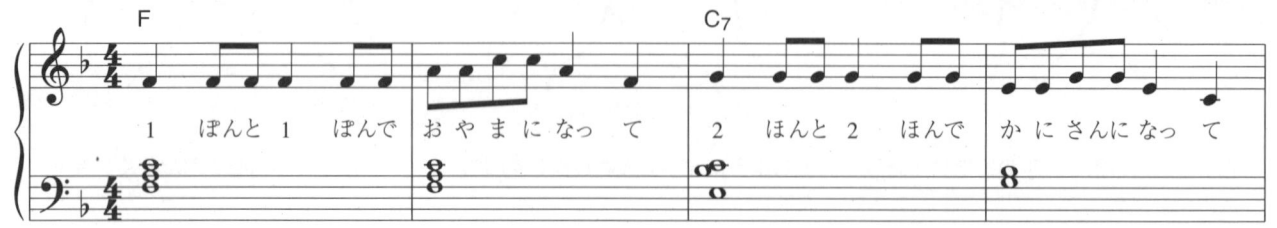

2〜5歳児

歌詞：
1 ぽんと 1 ぽんで　おやまになって　2 ほんと 2 ほんで　かにさんになって
3 ぽんと 3 ぽんで　おひげになって　4 ほんと 4 ほんで　くらげになって
5 ほんと 5 ほんで　おばけになって　おそらにとんでった　ヒュ〜

手あそび名人への道　いつ!?　どのように!?

★手遊びに入る前には

　1〜5までの数字を使い、何ができるか想像しながら楽しくなる指あそびです。

　保育者の指に魔法をかけるしぐさをして、子どもたちに見てもらいましょう。ゆっくりと期待を込めて行なうのがコツです。「指1本と指1本を出して何ができるでしょう？」

　子どもたちに問いかけながら始めてみましょう。

1ぽんと1ぽんで

① 1ぽんと1ぽんで

右と左、1本ずつ指を前に出す。

② おやまになって (おやね)

指先をくっつけ、三角の山を作る。

③ 2ほんと2ほんで かにさんになって

右と左、2本ずつ指を前に出し、チョキチョキ動かす。

④ 3ぼんと3ぼんで おひげになって (ねこさん)

右と左、3本ずつ指を前に出し、口の横につける。

⑤ 4ほんと4ほんで くらげになって (たこさん)

右と左、4本ずつ指を前に出し、胸の前あたりで指を下に向け、動かす。

⑥ 5ほんと5ほんで おばけになって

右と左、5本ずつ指を前に出し、ゆらゆらと左右に揺らす。

⑦ おそらにとんでった

両手を斜め上にあげる。

⑧ ヒュ〜

おばけが飛んで行くしぐさをする。

年齢別アレンジ

★低年齢児には

両手を持ってリズミカルに左右に振ってみましょう。歌詞よりもテンポに慣れていくことが重要です。

★4〜5歳児には

子どもたちの好きな他の動作に代えていくと、さらに楽しさは広がるでしょう。時間があれば、保育者は⑧"ヒュー"のところで、ウィンドチャイムを鳴らすとおばけが飛んで行く雰囲気が出て、とても喜ぶでしょう。

どうぶつ

どうぶつ手あそび
たまごたまご

作詞不詳　採譜：二階堂邦子　編曲：植田光子

0〜5歳児

歌詞：
1. たまごたまごが パチンとわれて なかからひよこが まーるいまるいあかわいい ピヨピヨクリッ ピヨピヨクリッ ピヨピヨクリッ
2. かあさんどこのー はねのしたー かくびだしおめが まーるいまるいあかわいい ピヨピヨクリッ ピヨピヨクリッ ピヨピヨクリッ
3. おそらおそらが ましぶしくて ひだけだおめが まーるいまるいあかわいい ピヨピヨクリッ ピヨピヨクリッ ピヨピヨクリッ

1番

①たまごたまごが パチンとわれて
両手を胸の前で合わせて卵の形をつくる。
拍手して、大きく両手を広げる。

②なかからひよこが
両手を胸の前で交差させる。

手あそび名人への道　いつ!? どのように!?

★**手あそびに入る前には**

保育者の手の中にたまごが入っています。「何のたまごかなぁ？」子どもたちに尋ねると、スズメ、ハト、ニワトリなど、いろいろな鳥や他の動物の名前が出てくるでしょう。「さあ、ピヨピヨと生まれますよ」と言って、ゆっくりと顔を出すようなポーズをとりましょう。ペープサートを使って遊ぶとさらに盛り上がるでしょう。

たまごたまご

③ピヨピヨピヨ

両手でヒヨコの口をつくり、3回開いたり閉じたりする。

④まあかわいい

両手を開いてほおに当て、小さく左右に動かす。

⑤ピヨピヨピヨ

③と同じ。

2番

①かあさんどりの はねのしたから

両手を横に広げて大きな羽をつくり、上下に4回動かす。

②くびだけだして

両手のひらをあごに当て、首を左右に動かす。

③ピヨピヨピヨ
④まあかわいい
⑤ピヨピヨピヨ

1番 の③④⑤と同じ。

3番

①おそらおそらがまぶしくて

右手で空を3回指さし、左手で空を3回指さす。

②まるいおめめが

右の親指と人さし指で丸い輪をつくり、右目に当てる。続けて左も。

③クリックリックリッ

手首をひねり、ヒヨコの目を3回動かす。

④まあかわいい
1番 の④と同じ。

⑤クリックリックリッ
3番 の③と同じ。

年齢別アレンジ

★低年齢児には
子どもをひざの上にのせ、手をとりながらピヨピヨピヨとヒヨコのまねをして遊びましょう。

★3〜5歳児には
全身を使ってタマゴを表現してみましょう。"たまごたまごが"の部分は両手を頭の上で組んで座ります。"パチンとわれて"の部分は両手を左右におろします。"なかからヒヨコが"の部分は元気よく立ちます。"ピヨピヨピヨ"の部分は両手の指をそれぞれ、くっつけたり離したりパチパチさせます。"まあかわいい"の部分は両手を顔の前で交差させながら円を描きます。

どうぶつ手あそび
かわずのよまわり

作詞：野口雨情　作曲：中山晋平　編曲：植田光子

3〜5歳児

歌詞：
かわずの よまーわり　ガッ コガッコゲッコ　ピョン　ピョン
ラッパふく ラッパふく　ガッコゲッコピョン　ソレふけ もっとふけ　ガッコゲッコピョン
ガッ コガッ コガ　ハ　ピョン コピョン コピョン　ゲッ コゲッ コゲ　ハ
ピョン コピョン コピョン　ガッ コピョン ゲッ コピョン　ガッ コゲッ コピョン

手あそび名人への道　いつ!?どのように!?

★集会などに

カエルの鳴き声の表現が楽しい手あそびです。「かわずって何のことかわかる？……実はカエルのことです。池や雨が大好きで、いつも元気よく鳴いています。カエルの鳴き声をまねしてみようか」と、手あそびの盛り上がりの部分を最初にあそびとして入れてみてもいいですね。

年齢別アレンジ

★低年齢児には

むずかしい音程なので、ゆっくりと2拍ずつテンポをとって遊んでみましょう。

★3〜5歳児には

初めから速いテンポにしないよう注意して、みんなができるようになったら速度に変化をつけて楽しみましょう。

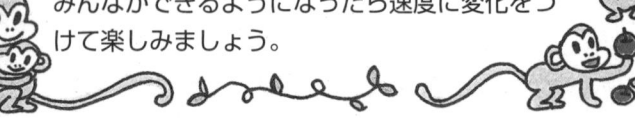

かわずのよまわり

① かわずのよまわり 
手拍子を8回する。

② ガッコガッコ 
手のひらを前に向け、胸の前に2回引く。

③ ゲッコ 
手のひらを前に向け、前に突き出す。

④ ピョンピョン 
両腕を伸ばしたまま、手のひらを上向きにして2回上げる。

⑤ ラッパふく ラッパふく 
手は口の前で、ラッパを吹くしぐさをする。

⑥ ガッコ 
手のひらを前に向け、胸の前に1回引く。

⑦ ゲッコ 
③と同じ。

⑧ ピョン 
両腕を伸ばしたまま、手のひらを上向きにして1回上げる。

⑨ ソレふけもっとふけ
⑤と同じ。

⑩ ガッコ
⑥と同じ。

⑪ ゲッコ
⑦と同じ。

⑫ ピョン
⑧と同じ。

⑬ ガッコガッコガ ハ 
手のひらを前に向け、胸の前に3回引く。

⑭ ピョンコピョンコピョン 
両腕を伸ばしたまま、手のひらを上向きにして3回上げる。

⑮ ゲッコゲッコゲ ハ 
手のひらを前に向け、前に3回突き出す。

⑯ ピョンコピョンコピョン 
⑭と同じ。

⑰ ガッコ
⑥と同じ。

⑱ ピョン
⑧と同じ。

⑲ ゲッコ
③と同じ。

⑳ ピョン
⑧と同じ。

㉑ ガッコゲッコピョン
⑥⑦⑧と同じ。

どうぶつ手あそび
きつねのおはなし

作詞：まどみちお　作曲：渡辺茂　編曲：植田光子

3～5歳児

歌詞：
1. こっちから きつねが でてきたよ　みみうごかすーよ　ぴくぴくぴく
2. あっちから きつねが でてきたよ　みみうごかすーよ　ぴくぴくぴく
3. りょうほうから きつねが であったよ　くちうごかすーよ　ぺらぺらぺら

1. あっちで ともだち よんでるよ　どんどんどんどん　かけてった
2. こっちで ともだち よんでるよ　どんどんどんどん　かけてった
3. おにごっこ しようよ　じゃんけんぽん　らんらんらんらん　あっはっは

1番

準備 
両手を後ろに隠しておく。

①こっちからきつねがでてきたよ 
右手をキツネの形にして、手首を振りながら後ろから出す。

②みみうごかすよぴくぴくぴく 
人さし指と小指を動かす。

手あそび名人への道　いつ!? どのように!?

★**手あそびに入る前には**
　手を使ってキツネの形を表現し、影絵で映してみてもいいですね。
　あっちからこっちからと、いろいろな場所からキツネが出てくると、子どもたちも遊びたくなるはずです。

年齢別アレンジ

★**低年齢児には**
　子どもをひざの上にのせ、弾むように歌ってあげましょう。

★**4～5歳児には**
　2人組になります。片方の手でキツネをつくり友だちと遊びましょう。キツネ以外の動物にも挑戦してみましょう。

きつねのおはなし

③あっちでともだちよんでるよ

左手で好きなところを4回指さす。
右手はキツネのまま。

④どんどんどんどんかけてっ

右手のキツネを左右に揺らしながら、指さした方に移動させる。

⑤た

両手を後ろに隠す。

(2番)
①あっちからきつねがでてきたよ
②みみうごかすよぴくぴくぴく
③こっちでともだちよんでるよ
④どんどんどんどんかけてっ
⑤た

(1番)の①～⑤と同じ動作をする。

(3番)
①りょうほうから
　きつねがであったよ

両手首を振りながら、後ろから出す。

②くちうごかすよぺらぺらぺら

中指、薬指、親指を上下に動かす。

③おにごっこしようよ

話をしているように両手を動かす。

④じゃんけんぽん

右手と左手でジャンケンする。

⑤らんらんらんらん

両手を上からキラキラさせながら降ろす。

⑥あっはっは

両手をほおの横で開き、笑う。

どうぶつ

✳︎✳︎どうぶつ手あそび✳︎✳︎
のぼるよコアラ

作詞・作曲不詳　編曲：植田光子

2〜5歳児

1. の ぼる よ の ぼる よ コ アー ラー　ユー カリ の き を　ゴー ゴー ゴー
2. お りる よ お りる よ コ アー ラー　ユー カリ の き を　ゴー ゴー ゴー

の ぼる よ の ぼる よ コ アー ラー　お ひさ ま こんにち は　ハ ロー ナイ
お りる よ お りる よ コ アー ラー　お やす み な ー さー　い グッ ナイ

手あそび名人への道　いつ!?どのように!?

★手あそびに入る前には

「ゴーゴーゴー」「ハロー」など合いの手が楽しい曲です。

「コアラの好きなユーカリの木を知ってますか？」「高い木に上ったり降りたりしてるね」などコアラについての話を、子どもたちとしていきましょう。

リズムあそびから始めてみるのもよいでしょう。「リズムあそびをしましょう」と言って、保育者の打った手拍子をまねしていきます。初めに4拍子のリズムで手拍子をします。続いて、1拍休んでから残り3拍を手拍子してみましょう。また、"ゴーゴー…"の所にだけ手拍子を入れてみましょう。

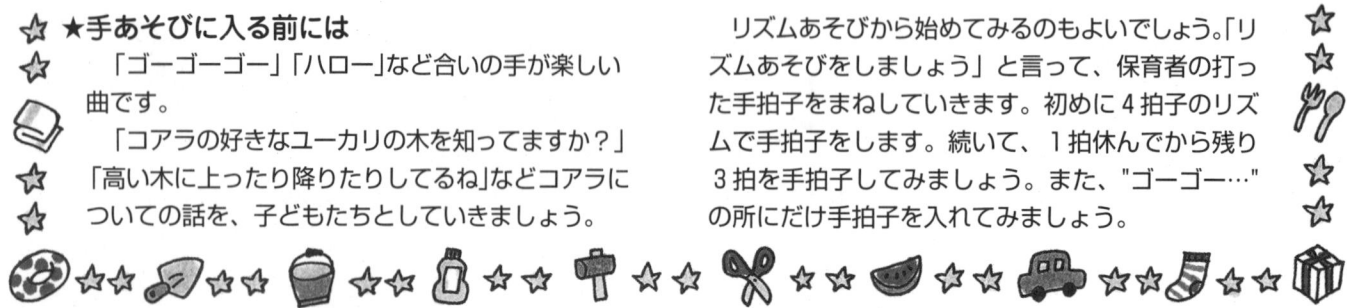

のぼるよコアラ

1番

①のぼるよのぼるよ コアラ ユーカリのきを

両手を交互に入れ替えながら、頭の上まであげていく。

②ゴーゴーゴー

かけ声に合わせて腕を3回つきあげる。

③のぼるよのぼるよ コアラ

①と同じ。

④おひさまこんにちは

両手をあげて、おじぎをする。

⑤ハロー

片手をあげて、あいさつをする。

2番

①おりるよおりるよ コアラ ユーカリのきを

両手を交互に入れ替えながら、上から下へおろしていく。

②ゴーゴーゴー

1番の②と同じ。

③おりるよおりるよ コアラ

①と同じ。

④おやすみなさい グッナイ

首をかしげ、眠るしぐさをする。

年齢別アレンジ

★低年齢児には

子どもをひざの上にのせて両手をもって手あそびをしてみましょう。また、子どもの身体を持ち上げたり、足をトントン鳴らしたりして全身を使って表現してみましょう。

★3〜5歳児には

リズミカルに立って遊んでみましょう。"のぼるよのぼるよ"の部分は、座った状態から少しずつ身体を伸ばし"コアラ"で立ちます。"おりるよおりるよ"は、逆に小さくなっていきます。その他の部分は手あそびといっしょです。

どうぶつ

どうぶつ手あそび
ものまねザル

作詞・作曲：まき・ごろう　編曲：植田光子

3〜5歳児

歌詞：
ものまねざーるの おいしゃさん めがねをかけて ひげのばし
ものまねざーるの しゃちょうさん めがねをかけて ひげのばし
つんとすまして いるけれど やーっぱりはなしは もーのまね
はまきをくわえて みたけれど どんなに
キャッキャッキャッ じょうずでも やっぱりおサルは おサルだね

①ものまねざるのおいしゃさん
右手を頭の上に、左手をあごの下にあててから入れ替える。 

②めがねをかけて
両手で目のところに輪をつくる。

③ひげのばし
両手の人さし指で、口ひげをピンピンと伸ばす。

手あそび名人への道 いつ!?どのように!?

★大人数の集まる集会でも
サルが人間のまねをするというおもしろい手あそびです。まずはサルのものまね（手をあごの下に持っていく、バナナを食べる）をして遊んでみましょう。

年齢別アレンジ

★低年齢児には
子どもの前で手あそびをしたり、ひざの上にのせ向かい合い、子どもの手をもち遊んでみましょう。

★3〜5歳児には
歌詞以外のものまねザルも考えてみましょう。

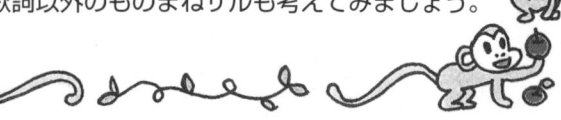

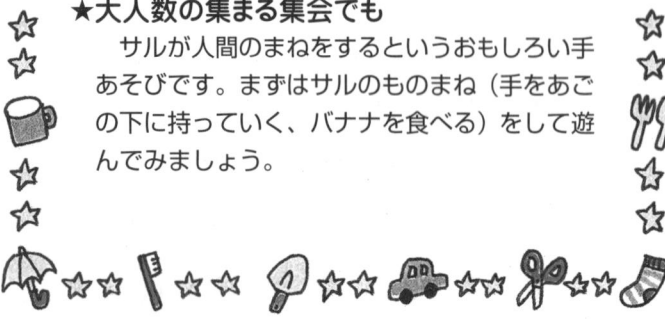

ものまねザル

④つんとすましているけれど 
聴診器をあてるしぐさをして、胸を張って大きくうなずく。

⑤やっぱり 
手をポンと打つ。

⑥はなしは 
人さし指で口を指さす。

⑦キャッキャッキャッ 
歯をむき出しにして、右手、左手を交互に、パッパッと前にはじく。

⑧ものまねざるのしゃちょうさん 
①と同じ。

⑨めがねをかけて 
②と同じ。

⑩ひげのばし 
③と同じ。

⑪はまきをくわえてみたけれど 
葉巻をプカプカ吸うしぐさをしながら、胸を張って大きくうなずく。

⑫ものまね  
シャツを着てネクタイを締める。

⑬どんなに 
帽子をかぶる。

⑭じょうず でも 
すまし顔をする。

⑮やっぱり おさるはおさるだね 
自分を指さしてから、①のようにサルのまねをする。

⑯「あら、ざんねんね」 
腕を組んで首をゆっくり左右に傾ける。

165

どうぶつ手あそび
くいしんぼゴリラのうた

2～5歳児

作詞：阿部直美　作曲：おざわたつゆき　編曲：植田光子
振付：阿部直美

（楽譜）

歌詞：
1. くいしんぼ な ゴリラ が バナナ を みつけた か わ むいて か わ むいて パックン と たべた ドンドコドンドン ドンドコドンドン おー うまい
2. くいしんぼ な ゴリラ が トマト を みつけた か わ むいて か わ むいて パックン と たべた ドンドコドンドン ドンドコドンドン おー すっぱい
3. くいしんぼ な ゴリラ が たまねぎ を みつけた か わ むいて か わ むいて か わ むいて か わ むいて た べるところが なくなった ドンドコドンドン ドンドコドンドン ウェー ン

手あそび名人への道　いつ!?どのように!?

★手あそびに入る前には
　みんなでゴリラに変身。「ゴリラの好きな食べ物はなあに？」子どもたちに問いかけ、次々と出てくる果物を、少し大げさに表現しながら食べてみましょう。

年齢別アレンジ

★低年齢児には
　子どもをひざの上にのせ、向かい合って遊びましょう。

★4～5歳児には
　1人用バージョンと2人組用バージョンで遊んでみましょう。「ドンドコドン」のリズムを足で拍子をとってみましょう。

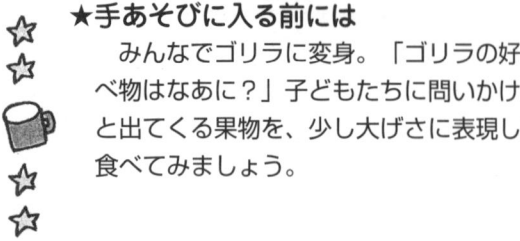

くいしんぼゴリラのうた

1番

①**くいしんぼなゴリラが　バナナをみつけた** 
拍手1回、手合わせ3回をする。これを繰り返す。

②**かわむいて　かわむいて** 
バナナの皮をむくしぐさをする。

③**パックンとたべた** 
バナナを上に投げ、口を開けて受けとめ、食べるしぐさをする。

④**ドンドコドンドン　ドンドコドンドン** 
胸を左右交互にたたく。

⑤**おーうまい** 
両手を広げて大きくまわした後、ほおを押さえる。

2番

①**くいしんぼなゴリラが　レモンをみつけた**
1番の①と同じ。

②**かわむいて　かわむいて**
レモンの皮をむくしぐさをする。

③**パックンとたべた**
1番の③と同じ。

④**ドンドコドンドン　ドンドコドンドン** 
1番の④と同じ。

⑤**おーすっぱい** 
両手を大きくまわした後、すっぱい表情をする。

3番

①**くいしんぼなゴリラが　たまねぎみつけた**
1番の①と同じ。

②**かわむいて　かわむいて　かわむいて　かわむいて　かわむいて　かわむいて**
タマネギの皮をむくしぐさを繰り返す。

③**たべるところがなくなった**
拍手を1回、手合わせを3回する。

④**ドンドコドンドン　ドンドコドンドン**
悲しそうに胸をたたく。

⑤**ウェーン** 
両目をこすって泣くまねをする。

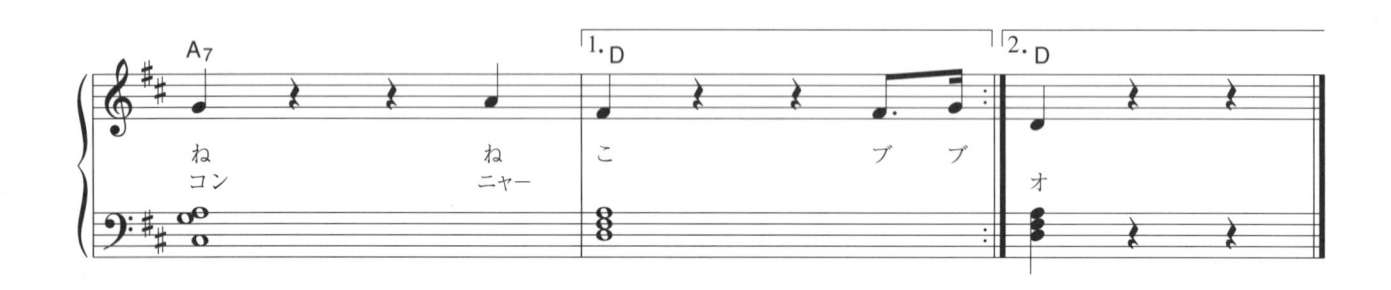

どうぶつ手あそび
コブタヌキツネコ

作詞・作曲：山本直純　編曲：植田光子

3〜5歳児

手あそび名人への道　いつ!?どのように!?

★ ことばあそびに
　しりとりあそびの歌です。"た"、"き"、"ね"、"こ"を強調するなど、保育者がしりとりの組み合わせを意識しながらうたってみましょう。

★ 手あそびに入る前には
　「しりとりになっているおもしろい歌を知ってますか？」と聞き、「初めに出て来るのは"こぶた"です。次は何かな？」とクイズにしてみましょう。「"こぶた"の最後は"た"です。"た"ではじまる動物は？」「茶色で目が黒いです。」とヒントを出して、すべての動物が出てきたら手あそびに入っていきましょう。手あそびの動作をヒントにしてもいいですね。

コブタヌキツネコ

①こぶた
人さし指で鼻を上げ、ブタの鼻をつくる。

②たぬき
こぶしでお腹をたたく。

③きつね
目尻を指でつり上げる。

④ねこ
顔の横と口元にこぶしを当てる。

⑤ブブブー
①と同じ。

⑥ポンポコポン
②と同じ。

⑦コンコン
③と同じ。

⑧ニャーオ
④と同じ。

年齢別アレンジ

★低年齢児には
　子どもをひざの上にのせて向かい合って座ります。歌詞に合わせてゆっくりと両手を動かしてみましょう。

★3〜5歳児には
　動物の顔のペープサートを作り、歌に合わせて順番に出して遊んでみましょう。うたいながら動作をするグループと休符の2拍だけ、手拍子を入れるグループに分けても楽しいでしょう。
　手拍子をタンブリンやスズ、カスタネットなどの打楽器にして遊ぶと、合奏につながっていきます。

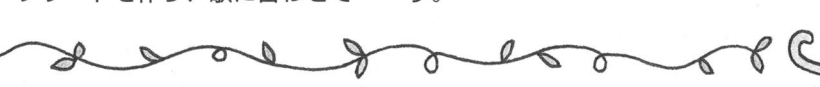

どうぶつ

✳︎✳︎どうぶつ手あそび✳︎✳︎
わこのこ

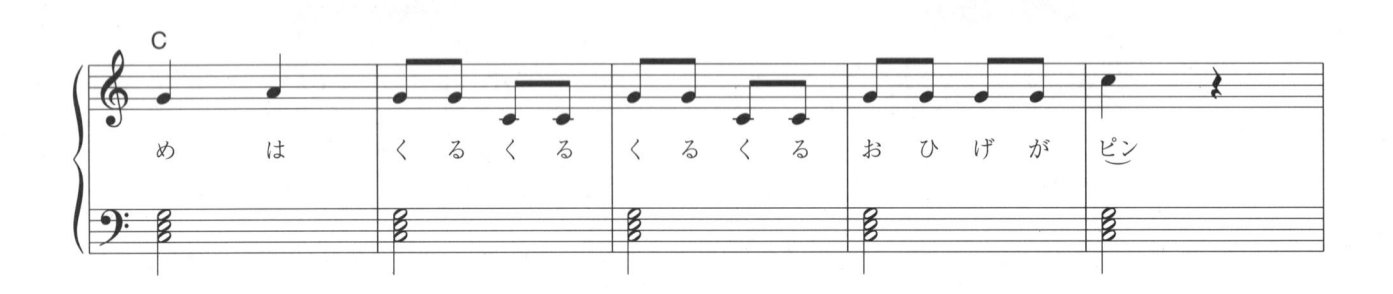

作詞・作曲：出口力　編曲：植田光子

1〜5歳児

歌詞：
わたしは ねこのこ ねこのこ お め め は くるくる くるくる おひげが ピン おひげが ピン おひげが おひげが ピン ピン ピン（ニャーゴ）

手あそび名人への道　いつ!?どのように!?

★自己紹介あそびとして
人形やペープサートを使ってネコの自己紹介をしてみましょう。歌詞に出てくる内容を取り入れ、子どもたちが興味をもてるようにします。その後で、子どもたちの自己紹介をしてみるのもよいでしょう。

★手あそびに入る前には
ひげがはえている動物をみんなで言ってみましょう。さまざまな動物の名前が出てくるでしょう。ときにはまちがって、お父さんの名前も出てきたりして、楽しめるでしょう。

ねこのこ

① わたしは
自分を指す。

② ねこのこ ねこのこ
頭の上に、ネコの耳を乗せる。

③ おめめは
人さし指と親指で輪を作り、目に当てる。

④ くるくるくるくる
指で作った輪を回転させる。

⑤ おひげがピン
鼻の脇からひげを伸ばすように、右手の人さし指を動かす。

⑥ おひげがピン
左手で⑤と同じ。

⑦ おひげがおひげが
人さし指を上下左右に揺らす。

⑧ ピンピンピン（ニャーゴ）
人さし指で、右・左・右の順に、鼻の脇からひげを伸ばす。

年齢別アレンジ

★低年齢児には
　子どもをひざの上にのせ、リズミカルに歌ってあげましょう。手拍子をとるといいですね。

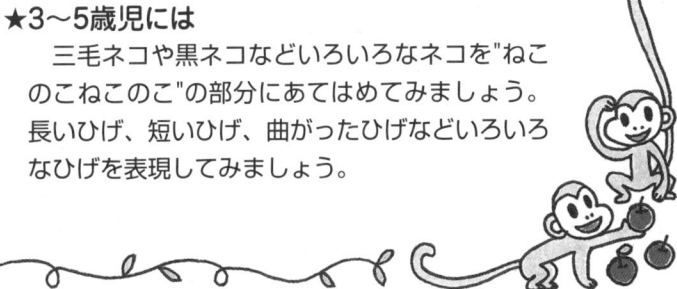

★3〜5歳児には
　三毛ネコや黒ネコなどいろいろなネコを"ねこのこねこのこ"の部分にあてはめてみましょう。長いひげ、短いひげ、曲がったひげなどいろいろなひげを表現してみましょう。

どうぶつ手あそび
パンダうさぎコアラ

作詞：高田ひろお　作曲：乾裕樹　編曲：植田光子

1〜5歳児

（歌詞）
おいでおいでおいでおいで　パンダ　パンダ
おいでおいでおいでおいで　うさぎ　うさぎ
おいでおいでおいでおいで　コアラ　コアラ
パンダ　うさぎ　コアラ
パンダうさぎコアラ　パンダうさぎコアラ
パンダうさぎコアラ　パンダうさぎコアラ
パンダうさぎコアラ　パンダうさぎコアラ
パンダ　うさぎ　コアラ
コアラ　（やったァ）

手あそび名人への道　いつ!?どのように!?

★大人数が集まる集会や低年齢児とのあそびに
　どんな場所でも楽しめます。子どもの大好きな動物なので、興味を持って遊ぶでしょう。

★手あそびに入る前には
　歌にでてくる動物の特徴を表現してみましょう。パンダの目、ウサギの耳、コアラの手、それぞれの動きが覚えられたら、「おいでおいで」の後に変身してみましょう。うまくできるようになったら、音楽に合わせて楽しく遊びましょう。

パンダうさぎコアラ

①おいでおいでおいでおいで 
両手を前に出して上下に振る。

②パンダ 
親指と人さし指で輪を作り、目に当てる。

③おいでおいでおいでおいで 
①と同じ。

④うさぎ 
両手を上にあげて、ウサギの耳を作る。

⑤おいでおいでおいでおいで 
①と同じ。

⑥コアラ 
両手で抱えるような格好をする。

⑦パンダ 
②と同じ。

⑧うさぎ 
④と同じ。

⑨コアラ 
⑥と同じ。

⑩　①〜⑨を繰り返す。

⑪パンダうさぎコアラ（14回繰り返す）
リズムに合わせて②④⑥の動作を14回繰り返す。

⑫「やったァ」
片手を元気よく上につきあげる。

年齢別アレンジ

★低年齢児には
　子どもを抱っこし、両手をもって手あそびを楽しみます。

★3〜5歳児には
　パンダ、ウサギ、コアラの3グループに分かれます。"おいでおいで…"手あそびをしながら歌詞に合わせて歩きます。"パンダ、ウサギ、コアラ"の部分は順番にポーズをとりながらジャンプをします。全身で動きましょう。
　動物の名前を声を出さないで口パクで言っても楽しいでしょう。リズムがくずれないように注意しましょう。

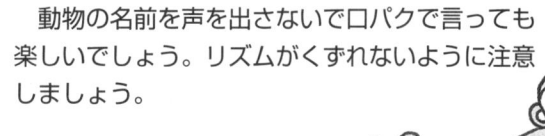

どうぶつ手あそび
きんぎょさんとめだかさん

3〜5歳児

作詞・作曲：不詳　編曲：植田光子

（楽譜）

きんぎょさんと めだかさんの ちがいはね きんぎょさんは ふわふわ およいでね めだかさんは ついつい およぐのよ きんぎょさんと めだかさんが いっしょに およげば ふわふわ ついつい ふわふわ ついつい あーあ きょうも はれ

手あそび名人への道　いつ!? どのように!?

☆ **★集会や夏祭り前などに**

　　きんぎょさんとめだかさんの泳ぎ方の違いを楽しみましょう。
　　「お家で金魚かめだかを飼っている人いるかな？」と、子どもたちに聞いてみましょう。飼っていればその子どもに、お家でのようすをみんなに話してあげるようにします。園で金魚をかっていれば、実際に観察をして泳ぎ方の特徴をとらえるのもいいですね。図鑑や絵本なども利用し、めだかの特徴も知らせましょう。

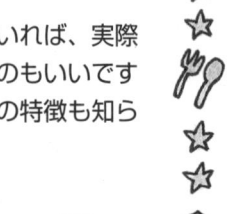

きんぎょさんとめだかさん

① きんぎょさんとめだかさんのちがいはね 
拍手を7回する。

② きんぎょさんは
拍手を2回する。

③ ふわふわおよいでね
両手を広げて身体の横で上下にふわふわ揺らす。

④ めだかさんは 
拍手を2回する。

⑤ ついついおよぐのよ 
指をのばして右手左手と交互に前に出す。

⑥ きんぎょさんと 
③と同じ。

⑦ めだかさんが 
⑤と同じ。

⑧ いっしょにおよげば 
拍手を4回する。

⑨ ふわふわついつい　ふわふわついつい  
③と⑤を2回繰り返す。

⑩ あーあきょうも 
拍手を6回する。

⑪ はれ 
好きなポーズをする。

年齢別アレンジ

★低年齢児には
　子どもをひざの上にのせ、向かい合って座ります。両手をもっていっしょに遊んだり、保育者が行なって見せたりしましょう。

★3〜5歳児には
　拍手の部分以外は、金魚やめだかに変身して動いてみましょう。金魚の動きは、両手を横に広げ、手のひらを上下にヒラヒラ動かします。めだかは、両手を前に伸ばして合わせ、左右にクネクネと動かします。
　その他、金魚チームとめだかチームに分かれて泳いでみてもいいですね。

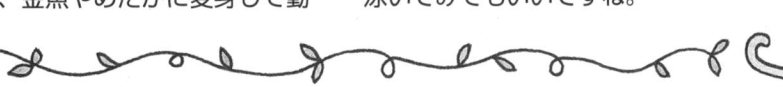

どうぶつ

どうぶつ手あそび
山小屋いっけん

作詞：志摩桂　アメリカ民謡　編曲：植田光子

3〜5歳児

（楽譜）

歌詞：
やまごやいっけん／ありました／まどからみている／おじいさん／かわいいうさぎが／ぴょんぴょんぴょん／こちらへにげてきた／たすけて！たすけて！／おじいさん／りょうしのてっぽう／こわいんです／さあさあはやく／おはいんなさい／もうだいじょうぶだ／よ

手あそび名人への道　いつ！？どのように！？

☆ **★手あそびに入る前には**

「ピョンピョンピョンと元気にウサギが走ってきました。」保育者が手を使ってウサギを表現し、子どもたちに見せることで、何が始まるのかと期待がもてるようにします。ウサギさんの自己紹介やお話をした後、いっしょにウサギの表現をしてみましょう。

様子をみて次のあそびに誘いかけます。「うさぎさんの手あそびがあるけど、いっしょにやってみる？」保育者が一度やって見せた後、子どもたちと楽しみましょう。

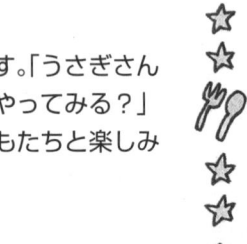

山小屋いっけん

①やまごやいっけんありました
両手の人さし指で山小屋の形を描く。

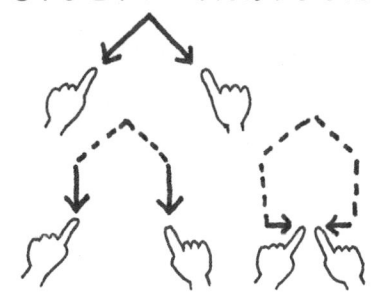

②まどからみているおじいさん
両手の親指と人さし指で輪を作り目に当てて顔を左右に動かす。

③かわいいうさぎが
右手の人さし指と中指を立てる。

④ぴょんぴょんぴょん
右手の人さし指と中指を3回曲げたり伸ばしたりする。

⑤こちらへにげてきた
④の動作で右から左へ移動させる。

⑥たすけて！たすけて！おじいさん
両手をあげてバンザイをする。

⑦りょうしのてっぽうこわいんです
左手を右手にそえて、右手の人さし指と中指で鉄砲を撃つまねを4回する。

⑧さあさあはやくおはいんなさい
両手で手まねきを4回する。

⑨もうだいじょうぶだよ
右手の人さし指と中指を立てウサギの耳の形を作り、左手でやさしくなでる。

年齢別アレンジ

★低年齢児には
子どもをひざの上にのせ、向かい合って座ります。保育者が手あそびを見せてあげたり、子どもの手をもって遊んであげたりしましょう。

★3～5歳児には
ウサギ、猟師、おじいさんの役に分かれ、歌をうたいながら追いかけっこをしてみましょう。ウサギは好きなところにピョンピョンお散歩。そこへ猟師が登場し鉄砲で合図（バンバンバンと3回言う）、ウサギは大急ぎでおじいさんのいる山小屋へ逃げます。猟師に捕まっても、次は逃げられるようがんばりましょう。

どうぶつ手あそび
どんなおひげ

作詞：佐倉智子　作曲：おざわたつゆき　編曲：植田光子
振付：阿部直美

4〜5歳児

歌詞：
1. こねこの おひげは こんなおひげ サンタさんの
2. きつねの おめめは こんなおめ パンダちゃんの
3. ゴリラの おかおは こんなおかお あかちゃんの

おひげは こんなおひげ なまずの おひげは
おめめは こんなおめ アッカンベェの おめめは
おかおは こんなおかお ネズミの おかおは

こんなおひげ だいすき ななだいすき ななな
こんなおめ だいすき ななだいすき ななな
こんなおかお だいすき ななだいすき ななな

パーパの おひげは (首を振る) こんなおひげ
マーマの おめめは こんなおめ
せんせいの おかおは こんなおかお

手あそび名人への道 いつ!? どのように!?

★集会や誕生会に
「今日はあてっこゲームをしてみましょう、ネコのおひげはどんなおひげでしょう？」「サンタさんのおひげは？」などおひげのあてっこゲームを楽しみ、歌につなげていっても楽しいですね。

年齢別アレンジ

★低年齢児には
子どもをひざの上にのせ、手をとりながら"おひげ"の動作をして遊びましょう。

★3〜5歳児には
パネルシアターにして遊んでみましょう。また、いろいろなおひげのものを考えてみましょう。

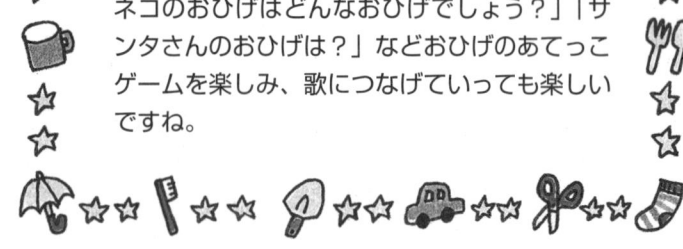

どんなおひげ

1番

①こねこのおひげは 
拍手を4回する。

こんなおひげ 
両手の3本指を出して、指先をほほの横につける。

②サンタさんのおひげは こんなおひげ 
拍手を4回し、両手をあごの下で交差する。

③なまずのおひげは こんなおひげ 
拍手を4回し、鼻の下で両手の人さし指を「ハ」の字にする。

④だいすきなだいすきな パパのおひげは 
両手を合わせほおに寄せるしぐさを、右左右と交互にする。

⑤（休符） 
④の動作のまま、首を縦に2回振る。

⑥こんなおひげ 
指先をほおにつけるなど自由に表現する。

2番

①きつねのおめめは こんなおめめ 
拍手を4回し、両手の人さし指で目尻をつりあげる。

②パンダちゃんのおめめは こんなおめめ 
拍手を4回し、目尻をさげる。

③アッカンベェのおめめは こんなおめめ 
拍手を4回し、両手の人さし指でアカンベーをする。

④だいすきなだいすきな ママのおめめは
⑤（休符）
1番の④⑤と同じ。
⑥こんなおめめ 
両手を目にあて、まつげにするなど、自由に表現する。

3番

①ゴリラのおかおは こんなおかお 
拍手を4回し、片手で頭を、もう一方の手であごをかく。

②あかちゃんのおかおは こんなおかお 
拍手を4回し、片手の親指をしゃぶる。

③ネズミのおかおは こんなおかお 
拍手を4回し、上の前歯を出して、下くちびるを噛む。

④だいすきなだいすきな せんせいのおかおは
⑤（休符）
1番の④⑤と同じ。
⑥こんなおかお 
両手で顔を隠し、次にパッと開いて、いろんな顔をする。

どうぶつ手あそび
てんぐのはな

作詞・作曲：浅野ななみ　編曲：植田光子
振付：浅野ななみ

2～5歳児

歌詞：
1. てんぐののは なながいいぞ
2. ぞうのはなみ ちはははでっちゃがかちゃいぞ
3. ありのくち

おっ とっ とっ とっ このくらい

手あそび名人への道　いつ!? どのように!?

★集会やお話の前に
　楽しい手あそびで興味を引き、腕を伸ばすことで気分を切り替えます。(3番)までうたい終わったら静かに話を聞くようにしましょう。

★手あそびに入る前には
　「てんぐって知っていますか？」子どもに問いかけ、「てんぐの鼻はとても長いけど、どれくらい長いと思う？」手を使って長さを表現してみましょう。その後、ゾウの鼻やアリの口も表現し、楽しい手あそびに合わせてやってみましょう。

てんぐのはな

【1番】

①てんぐのはなは ながいぞ

手拍子を4回打つ。

②おっとっとっとっ このくらい

両手のこぶしを鼻で重ね、片手のこぶしをどんどん伸ばし、伸ばしきったところで止める。

【2番】

①ぞうのみみは でっかいぞ

1番の①と同じ。

②おっとっとっとっ このくらい

顔の横で手のひらを広げ、両手をどんどん広げていき、伸ばしきったところで止める。

【3番】

①ありのくちは ちっちゃいぞ

1番の①と同じ。

②おっとっとっとっ このくらい

両手をほおに当て、手を縮めていき、いちばん小さくなったところで止める。

年齢別アレンジ

★低年齢児には
　子どもをひざの上にのせ、向かい合って遊びましょう。

★3〜5歳児には
　いろいろな動物を表現してみましょう（ウサギのみみ、カバの口、キリンのくびなど）。

ウサギ…両手のひらを頭に当て、それぞれ上に腕を伸ばしていく。

カバ…両手を重ねて口元に当て、腕を前に伸ばしながら上下に開いていく。

キリン…両手を首に当て、腕を上に伸ばしていく。

どうぶつ手あそび
ぞうさんとねずみさん

3～5歳児

作詞・作曲：阿部恵　編曲：植田光子
振付：阿部恵

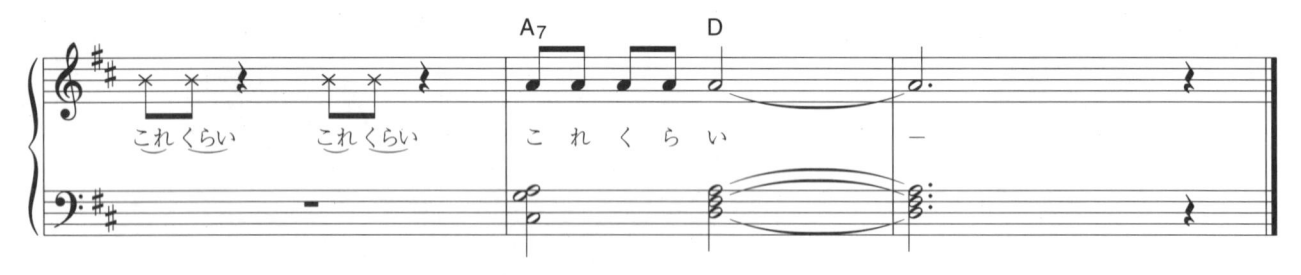

1. ぞう さんの（ぼ う し）は でっかいぞー これくらい これくらい
2. ねずみ さんの（ぼ う し）は ちっちゃいねー これくらい これくらい これくらい

1番

①ぞうさんの 
両手で両ひざを2回たたく。

②ぼうしは 
頭に両手を乗せる。

③でっかい 
両手を大きく広げる。

手あそび名人への道　いつ!? どのように!?

★**全身で楽しんで**
　大きなゾウと小さなネズミの大きさの違いがおもしろい手あそびです。元気よく大げさにやってみましょう。
　歌詞に合わせてゆっくりと動作を知らせていき、慣れたら早さを変えて遊んでみましょう。

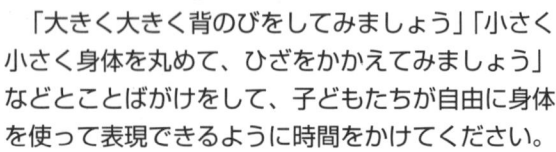

★**手あそびに入る前には**
　「大きく大きく背のびをしてみましょう」「小さく小さく身体を丸めて、ひざをかかえてみましょう」などとことばがけをして、子どもたちが自由に身体を使って表現できるように時間をかけてください。

そうさんとねずみさん

④ぞー
拍手をする。

⑤これくらい
（4回繰り返す）
両手で帽子の大きさを表し、少しずつ大きくしていく。

⑥これくらいー
両手を伸ばし、おもいきり大きく広げる。

[2番]

①ねずみさんの
両手で胸を2回たたく。

②ぼうしは
[1番]の②と同じ。

③ちっちゃい
両手を胸の前に小さく広げる。

④ねー
拍手をする。

⑤これくらい
（4回繰り返す）
両手で帽子の大きさを表し、少しずつ小さくしていく。

⑥これくらいー
両手を丸く合わせ、上下に振る。

年齢別アレンジ

★低年齢児には
　足を伸ばして子どもをひざの上にのせ、向かい合って座ります。両手を握っていっしょに遊んでみましょう。

★3〜5歳児には
　他にもいろいろな動物で考えてみましょう。

　"うさぎさんの"…頭を2回軽くたたく。"ぼうしは"…[1番]と同じ。"ながいね"…両手を頭から上に伸ばす。
　"きりんさんの"…首を2回軽くたたく。"マフラーは"…両手をいっしょに横へ伸ばす。"ながいぞ"…両手をゆらゆら揺らす。

✻✻ どうぶつ手あそび ✻✻
奈良の大仏さん

作詞：不詳　補詞：二階堂邦子　作曲：川澄健一　編曲：植田光子

2〜5歳児

(楽譜)

F　ならの　ならの
F　だいぶつ　さんに
C7　すずめが　じゅっぱ
　と　まって

F　なんと　いって
　ないて　ます
C7　チュン　チュン　チュン　チュン
F　チュン　ヘイ

手あそび名人への道　いつ!?　どのように!?

★手あそびに入る前には

「動物の鳴き声は、どんなのか知ってるかな？」と問いかけてみましょう。イヌは「ワンワン」、アヒルは「ガァガァ」、サルは「キャッキャッ」、ライオンは「ガオー」、ゾウは「パオーン」など、次々に出てくるでしょう。動物園を想像するのもいいですね。

そして、「スズメさんの歌があるんだよ」と言って、手あそびに入っていくと、わかりやすいでしょう。

奈良の大仏さん

①ならのならの だいぶつさんに

両手で上から下へ大きなだるまの形を描く。

②すずめがじゅっぱ とまって

両手の指を10本広げて、左右に振る。

③なんといって

片側の耳に手をあてて、聞くまねをする。

④ないてます

③と反対側の耳に手をあてて、聞くまねをする。

⑤チュンチュンチュンチュンチュン

腰の所で、両手を左右に5回振る。

⑥ヘイ

げんこつにした片手を上に上げる。

年齢別アレンジ

★低年齢児には
　子どもをひざの上にのせ、向かい合いながら、手をとって動作してみましょう。"ヘイ"の掛け声を保育者が元気よくうたうと、子どもも楽しんでうたうでしょう。

★4〜5歳児には
　様々な動物の鳴き声を入れて楽しみましょう。1人ずつ好きな動物を発表し合うようにすると、自信につながりますよ。

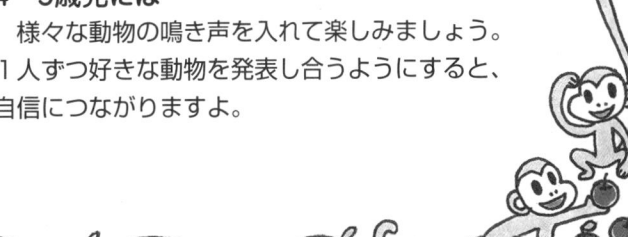

どうぶつ

どうぶつ手あそび
わにのうた

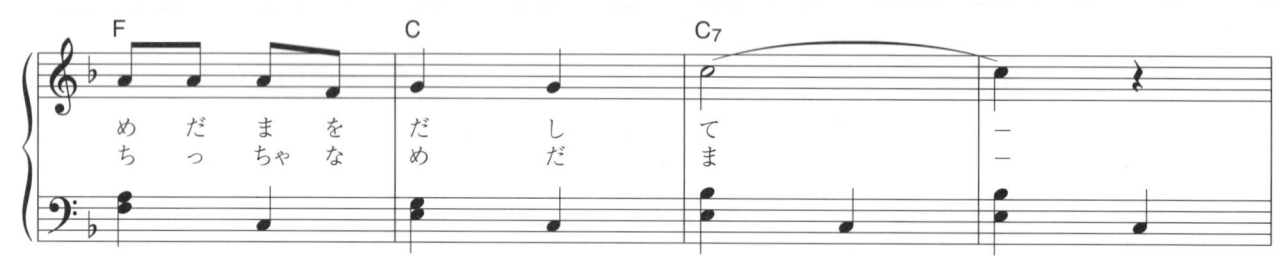

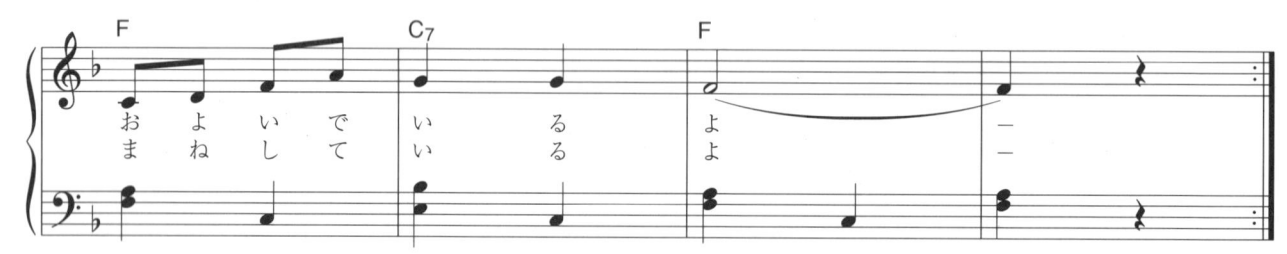

作詞：上坪マヤ　作曲：峯　陽　編曲：植田光子

2〜5歳児

歌詞：
1. わにが およぐ わにが およぐ めだまを だしてー めだま めだま ぎょろろろ めだま めだま ぎょろろろ およいでいるよー
2. わにの こども わにの こども ちっちゃな めだしてー めだま めだま ぎょろろろ めだま めだま ぎょろろろ おまねしているよー

手あそび名人への道　いつ!?どのように!?

★週の初めに

　表現を楽しむ動物のあそびうたです。子どもが親しみやすい動物で、1週間を元気に始めましょう。おもいっきりその動物になり切って、身体を動かし楽しみましょう。

★手あそびに入る前には

　「さあ、みんなで動物の動きをまねしてみましょう！」と自分の好きな動物のまねをします。サル、ゾウ、キリン、ライオンなど、手や顔の表情を使って楽しみましょう。

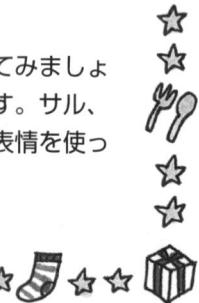

わにのうた

1番

①わにがおよぐ わにがおよぐ 
両腕を伸ばして、ワニの口のように上下に4回動かす。

②めだまをだして 
親指と人さし指で輪を作って目に当て、首を左右に4回動かす。

③めだまぎょろろ めだまぎょろろ 
手首を左右にひねり、ワニの目だけを4回動かす。

④およいでいるよ 
1番の①と同じ。

2番

①わにのこども わにのこども 
両手首をくっつけて、上下に4回動かす。

②ちっちゃなめだま 
1番の②よりも小さな目玉を作り、首を左右に4回動かす。

③めだまぎょろろ めだまぎょろろ 
手首を左右にひねり、ワニの目だけを4回動かす。

④まねしているよ 
2番の①と同じ。

年齢別アレンジ

★低年齢児には
子どもをひざの上にのせて、リズムに合わせて保育者のひざを上下させましょう。③"めだまぎょろろ…"のところで身体をくすぐっても楽しいですよ。

★4～5歳児には
"わにがおよぐ"を"わにのおとうさん"に代えて、大きな声と力強い動作をしてみましょう。また、"わにのこども"を"わにのあかちゃん"に代えて、小さくてやさしい声とやわらかな動作をすると、比較が確認できて、とても楽しいでしょう。

たべもの手あそび
ちっちゃないちご

作詞・作曲：阿部直美　編曲：植田光子
振付：阿部直美

2～5歳児

1. ちっちゃな いちごが いいました まだまだ ぼくたち あおいけど
   おひさま いっぱい あびて まっかっか まっかっか まっかっかに なる ぞ
2. ちっちゃな いちごは がんばって ファイトだ ぼくたち げんきよく
   あおぞら たいそう いち に さん まっかっか まっかっか まっかっかに な ー った

手あそび名人への道　いつ!?どのように!?

★冬から春にかけて
　イチゴのおいしい季節にうたってみましょう。園にイチゴを植えていれば、実際に見ながらうたってみてもいいですね。
　あおいイチゴからどうすればあかいイチゴになるか、子どもたちと話し合ってみると、よりいっそうイチゴへの関心が高まるでしょう。

★手あそびに入る前には
　「好きな果物はなぁに？」バナナ・リンゴ・ミカン・イチゴなど子どもたちの知っている果物の名前をあげてみましょう。果物を食べるしぐさをしても楽しくなりますよ。

ちっちゃないちご

【1番】
①ちっちゃないちごがいいました 
両手の親指と人さし指で三角のイチゴの形を作って、左右に振る。

②まだまだぼくたち 
拍手を4回する。

③あおいけど 
両手を胸の前で交差し、両肩をたたく。

④おひさまいっぱい 
②と同じ。

⑤あびて 
③と同じ。

⑥まっかっか まっかっか 
「まっかっか」で両手を外に開いてから、次の「まっかっか」で胸の前に持ってくる。

⑦まっかっかに なる 
「まっかっかに」で両手を外に開き、胸の前にもってくる。「なる」で同じ動きを繰り返す。

⑧ぞ 
①のイチゴの形を作る。

【2番】
①ちっちゃないちごはがんばって
②ファイトだぼくたち
　[1番]の①②と同じ。
③げんきよく 
　ガッツポーズをする。
④あおぞらたいそう
⑤いちにさん
⑥まっかっか まっかっか
⑦まっかっかになーっ
⑧た
　[1番]の④〜⑧と同じ。

年齢別アレンジ

★低年齢児には
　抱っこをしてうたいながらテンポをとりましょう。"まっかっか…"の歌詞のところで、やや揺すりながら強く抱きしめてみましょう。

★4〜5歳児には
　イチゴ以外の果物や花を当てはめてみましょう。色や形にも注目して表現してみましょう。
　全身を使って大きな動作で表現していくと、本当に元気になっていきますよ。言葉は歯切れよくうたいましょう。

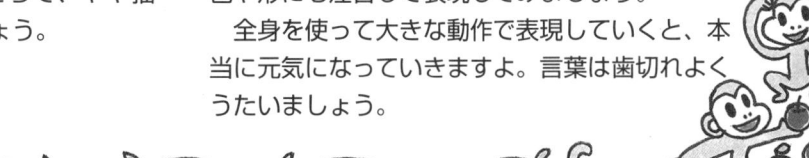

たべもの手あそび
すいか

作詞・作曲：阿部直美　編曲：植田光子
振付：阿部直美

0〜2歳児

1. まんまるすいかは おもたいぞ ウントコショ ウントコショ
2. まっかなすいかに くろいたね プップップッ プップップッ

1番

①まんまるすいかは おもたいぞ

保育者は子どもと向き合い、子どものほおを軽くたたく。

②ウントコショ ウントコショ

子どものあごを両手で支えながら、軽く持ちあげる。

2番

①まっかなすいかにくろいたね

1番の①と同じ。

②プップップッ プップップッ

子どもの顔を、あちこち軽くつつく。

手あそび名人への道　いつ!?どのように!?

★新学期、週の初めには
　子どもの顔をおいしそうなスイカに見たてた顔あそびです。顔を見ながらスキンシップを楽しみましょう。
　「〇〇ちゃんのお顔がおいしそうなスイカに見えてきた。かわいいほっぺた、ぱくっ」などことばがけをしながら始めてみましょう。

年齢別アレンジ

★低年齢児には
　子どもをひざの上にのせ、やさしく子どもの顔の部分に触れていきましょう。安心感と信頼感が芽生えると何度も催促されるでしょう。

★4〜5歳児には
　友だちと2人組になり、顔あそびで触り合いを楽しみましょう。

たべもの手あそび
おむすびギュッギュッ

作詞・作曲：峯 陽　編曲：植田光子

1～5歳児

1.～4. ごはんをのせて
うめぼしいれて / おかかをいれて / しおじゃけいれて / たらこをいれて
おむすびギュッギュッ
おむすびギュッギュッ
のりをまいたら
ムシャムシャムシャ

①ごはんをのせて
子どもの片方の手のひらを、大人の手のひらの上にのせる。 

②うめぼしいれて
子どもの手のひらにうめぼしを入れるしぐさをする。

③おむすびギュッギュッ おむすびギュッギュッ
大人の両方の手のひらで、子どものこぶしを包んで、おむすびを丸めるしぐさをする。

④のりをまいたら
子どものこぶしにのりをまくしぐさをする。

⑤ムシャムシャムシャ
子どものこぶしを持って、食べるまねをする。

手あそび名人への道　いつ!?どのように!?

★お弁当や給食前に
「おいしいおむすびをつくります。中には何を入れようかな。梅干しがいいかな、たらこがいいかな」おむすびを握るまねをしてみましょう。「みんなでおむすびをつくってみよう」歌に合わせて手あそびをしてみましょう。

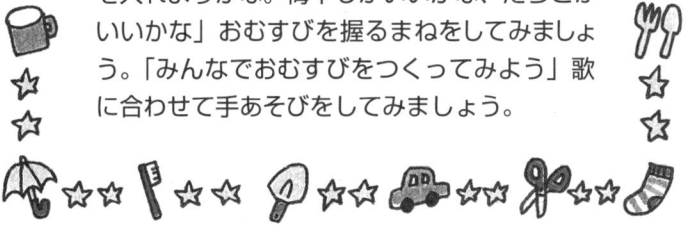

年齢別アレンジ

★低年齢児には
子どもをひざの上にのせ、向かい合って座ります。子どもの身体をつかって抱きしめたり、くすぐったりしましょう。

★4～5歳児には
友だちと2人組になり、順番に手を出しおむすびをつくってみましょう。

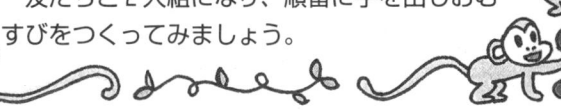

たべもの手あそび
まつぼっくり

作詞：広田孝夫　作曲：小林つや江　編曲：植田光子

3～5歳児

歌詞：
まつ ぼっ くり が あっ た と さ たかい
おやまに あっ た と さ ころころ ころころ
あったとさ おさるが ひろって たべたとさ

手あそび名人への道 いつ!? どのように!?

★自然に親しむきっかけに
秋にぴったりの手あそびです。絵本や図鑑を見たり実際に拾ってきたりして、まつぼっくりを子どもたちに知らせましょう。大きい、小さい、長い、短いといろんな形や種類があります。また、クリスマスツリーとしても大活躍します。自然のものを大切にし、あそびに生かしていきましょう。様々な経験をすることで、歌もうたいやすくなります。

★手あそびに入る前には
まつぼっくりを見ながら「まつぼっくりの手あそびって知ってる？先生を見ながらいっしょにやってみてね。」などのことばがけから始めてみましょう。

まつぼっくり

①まつぼっくりがあったとさ

胸の前に両手で輪を作り、マツボックリを持つまねをして、身体を振る。

②たかいおやまにあったとさ

頭の上で三角山を作り、身体を揺らす。

③ころころころころあったとさ

かいぐりをする。

④おさるがひろって

サルのまねをする。

⑤たべたとさ

両手を口に持っていき、食べるしぐさをする。

年齢別アレンジ

★低年齢児には

子どもをひざの上にのせ、向かい合って座ります。子どもの手をもっていっしょにしたり手あそびを見せたりして楽しみましょう。"さ"の部分で子どもを高く上げ、身体を使って遊ぶと子どもも大喜びです。

★3〜5歳児には

歌詞の"さ"の部分を変えてみましょう。
"さ"の部分をうたわない、うたう代わりに手をたたく、ジャンプをする、口に手を当てるなど。
他に、歌に合わせて自由に歩き、"さ"の歌詞になったら立ち止まり、次の歌詞で歩きます。

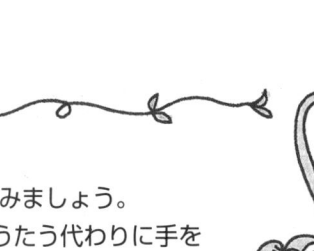

たべもの手あそび 八百屋のお店

作詞不詳　フランス民謡　編曲：植田光子

3〜5歳児

歌詞：
やおやの おみせに ならんだ しなもの みてごらん よくみてごらん かんがえてごらん
{キャベツ/ニンジン/トマト} アー アー

手あそび名人への道　いつ!? どのように!?

★集会などに
みんなで楽しめるあそびうたです。
「野菜好きなお友だちは？」「ハーイ！」野菜の名前を言ってみましょう。保育者のかけ声に合わせて、大きな声や小さな声で遊んでみましょう。

★手あそびに入る前には
「今日は野菜を買いに行きたいけど、何を売ってるかな？みんなで考えてみよう」などお店をイメージするように、ことばがけをして始めてみましょう。

八百屋のお店

①やおやのおみせにならんだ 
リズムに合わせて手をたたく。

②しなものみてごらん 
両手で双眼鏡を持って、のぞいているようなしぐさをする。

③よくみてごらん 
右手の人さし指で、あちこち指す。

④かんがえてごらん 
腕を組んで首をかしげ、考えるしぐさをする。

⑤だいこん「だいこん」 
八百屋で売っているものを答える。続けて全員で復唱する。

⑥アー 
手をひらひらさせる。

●⑤で答えを1人ずつ増やしながら、繰り返しうたう。

年齢別アレンジ

★低年齢児には
　子どもをひざの上にのせ、リズミカルにうたいましょう。"アーアー"のところで、子どもをくすぐっても楽しいですよ。

★3〜5歳児には
　保育者が八百屋で売っている物を言うと、子どもが復唱し、売っていない物を言うと復唱しないというようにしても楽しいでしょう。魚屋、お菓子屋、お花屋、電気屋、パン屋など、野菜以外の物も考えてみましょう。

たべもの手あそび
おおきなくりのきのしたで

1〜5歳児

作詞不詳　補作：寺島尚彦　イギリス民謡　編曲：植田光子

①おおきなくりの
両手で頭の上に円を作る。 

②きの
両手を頭に当てる。

③した
両手を両肩に当てる。

手あそび名人への道　いつ!?どのように!?

★手あそびに入る前には

みんなによく知られ親しまれている曲です。
「みんなも聞いたことがある"おおきなくりのきのしたで"の曲で、とっても楽しいことをしたいと思います。大きな木はどれくらい大きいのか、両手をつかって表現してみましょう。その後は小さな木を表現してみましょう。」などとことばがけしてみましょう。大きい木、小さい木を交互に表現したり速く遅くと動作に変化をつけることで、あそびへの関心を高めていきます。子どもたちがのってきたら、手あそびを始めましょう。

おおきなくりのきのしたで

④で 
両手を下におろす。

⑤あなたと 
右手の人さし指を出し、相手を指さす。

⑥わたし 
右手の人さし指で自分を2回指さす。

⑦なか 
右手を左肩に当てる。

⑧よく 
左手を右肩に当て、腕を交差させる。

⑨あそびましょ 
身体を左右に揺らす。

⑩おおきなくりの 
①と同じ。

⑪きの 
②と同じ。

⑫した 
③と同じ。

⑬で 
④と同じ。

年齢別アレンジ

★低年齢児には
向かい合って座ります。子どもの両手をもっていっしょに遊んだり、保育者が手あそびを見せたりして楽しみましょう。

★3〜5歳児には
栗の木以外の木を考えてみましょう。

スギの木…クシャミをする"おおきなスギのきのしたで、くしゅん"をフレーズの最後に入れる。
ヤシの木…ハワイアン"なかよくおどりましょう"にして、両手を左右に2回ずつユラユラ揺らす。
ヤナギの木…おばけをイメージして、声を震わせながらうたう。

たべもの

たべもの手あそび
やきいもグーチーパー

作詞：阪田寛夫　作曲：山本直純　編曲：植田光子

3〜5歳児

（楽譜）

歌詞：
やきいも やきいも おなかが グー
ほかほか ほかほか あちちの チー
たべたら なくなる なんにも パー
それ やきいも まとめて グー チー パー
（ジャンケン ポン）

①やきいもやきいも
両手をグーにして、胸の前で左右に振る。 

②おなかが
おなかを押さえる。

③グー
グーを前に突き出す。

手あそび名人への道　いつ!?　どのように!?

★**芋掘りや焼き芋パーティーなどに**
芋掘りや焼き芋パーティなど秋の季節に楽しくできるジャンケンあそびです。冬の寒い日でも元気になるでしょう。

★**手あそびに入る前には**
「おなかがすいたときどんな音がすると思う？」「ぐーぐーって音だったらジャンケンのグーといっしょだね」など話をしながら歌詞に合わせて保育者が少し大げさにやってみせましょう。「あつくてあっちっちだから、チーのチョキ」、「なんにもなくなったら、パーだよ」とゆっくり指の練習をしてみましょう。

やきいもグーチーパー

④ほかほかほかほかあちちの 
手のひらを開いたり握ったりしながら上下に動かす。

⑤チー 
チョキを前に突き出す。

⑥たべたらなくなるなんにも 
手を芋に見たて、左右交互に食べるしぐさをする。

⑦パー 
パーを前に突き出す。

⑧それやきいもまとめて 
手拍子を4回する。

⑨グーチーパー 
グーチョキパーを出す。

⑩（⑨のかわりに）ジャンケン 
かいぐりをする。

⑪ポン 
ジャンケンをする。

年齢別アレンジ

★低年齢児には
　子どもをひざの上にのせ、向かい合って手拍子あそびをしてみましょう。
　子どもは保育者のひざの上が大好きです。ひざを上下に動かし、揺らしてあげましょう。

★3〜5歳児には
　足を使ってジャンケンをしてみましょう。
　テンポを速くしたり遅くしたりして遊んでみましょう。表現力も豊かになるでしょう。最後のジャンケンで勝ったら「バンザイ」、負けたらおじぎをするというふうにしてもよいですね。

たべもの手あそび
いわしのひらき

作詞・作曲不詳　編曲：植田光子

2～5歳児

1. い　わ　し　の　の
2. に　し　ん　の　の
3. さ　ん　ま　ケ　の
4. シャ　ー　ケ　の
5. く　じ　ら　の

} ひらき が しおふいて パッ ソレッ

ズン ズン チャッ チャ ズン ズン チャッ チャ ズン ズン チャッ チャ ホッ

1番

①いわしの 
両手の人さし指を合わせる。

②ひらきが 
外側に返す。

③しおふいて 
両手をグーにする。

④パッ 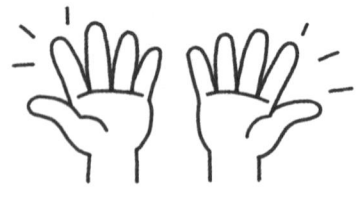
パッと開く。

手あそび名人への道　いつ!? どのように!?

★手あそびに入る前には
　すぐ覚えられる動きの楽しい手あそびです。「楽しい魚の手あそびがあるから見ててね」と、大きな動作で手あそびをしてみましょう。特に"ズンズンチャッチャ"のリズミカルな部分は子どもたちが最も興味を示すところです。保育者自身が楽しく表現することが大切ですね。

年齢別アレンジ

★低年齢児には
　子どもたちは"ホッ！"のところが大好きです。両手を持って手あそびを楽しみましょう。

★3～5歳児には
　波の動きをオーバーにすると楽しいです。特に"くじら"では動作も声も大きくしましょう。タイやサバなど他の魚の開きもしてみましょう。

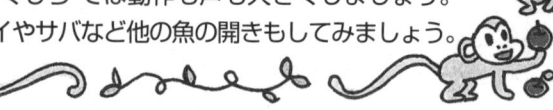

いわしのひらき

⑤ ソレッ ズンズン チャッチャ 
腕を波のようにくねらせる。

⑥ ズンズンチャッチャ 
反対の腕も同じ。

⑦ ズンズンチャッチャ 
⑤と同じ。

⑧ ホッ 
手の甲をほおにそえる。

2番

① にしんの 
両手の人さし指と中指を合わせる。

② ひらきが 
外側に開く。

3番

① さんまの 
両手の3本の指を合わせる。

② ひらきが 
外側に開く。

4番

① シャケの 
両手の人さし指と中指を合わせる。

② ひらきが 
外側に開く。

2番〜4番
①②に続いて 1番 の③〜⑧を繰り返す。

5番

① くじらの 
5本の指をのばし親指を合わせる。

② ひらきが 
外側に開く。

③ しおふいて 
両手を下におろす。

④ パッ 
両手を上げる。

⑤〜⑥は 1番 と同じ。

✳︎✳︎たべもの手あそび✳︎✳︎
たいやきたこやき

作詞：阿部直美　作曲：近藤恵子　編曲：植田光子
振付：阿部直美

4〜5歳児

1. たいやきくんと　たこやきくんが　かけっこしたよ
2. たこやきくんと　たいやきくんが　かけっこしたよ

どっちがどっちが　どっちがどっちが　はやいかな
どっちがどっちが　どっちがどっちが　はやいかな

手あそび名人への道　いつ!?どのように!?

★難しさも楽しんで
パーをたいやきに、グーをたこやきに見たてたあそびです。1番は誰でもできますが、2番は少し難しいしぐさです。このやりにくさを楽しんで遊びましょう。手を速く動かすとさらに盛り上がりますよ。

★手あそびに入る前には
「たいやきとたこやきを食べたことある人？」「たいやきとたこやきがかけっこしたらどっちが速いでしょう？」などとことばがけをしてあそびにつなげていきます。集会の時にはぜひやってみましょう。

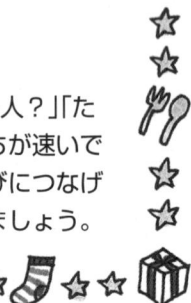

たいやきたこやき

1番

① たいやきくんと 
右手をパーにして前に出す。

② たこやきくんが 
左手をグーにして前に出す。

③ かけっこしたよ 
グーの手を腰につけて、かけっこの「用意」のポーズをする。

④ どっちがどっちがどっちがどっちがはやいかな 
左手をパーにして前に、右手をグーにして腰につける。次に右手をパーにして前に、左手をグーにして腰につける。以上を繰り返す。

2番

1番とは逆に出す手をグー、腰に当てる手をパーにする。

年齢別アレンジ

★低年齢児には
　子どもをひざの上にのせ、向かい合って遊びましょう。子どもの手をとって保育者が前後に動かしてみましょう。

★4〜5歳児には
　友だちと2人組になります。"たいやき"は立って両手を頭上に広げます。"たこやき"はおしりを下につけないように小さく身体を丸めます。たいやきに変身する子と、たこやきに変身する子を決め、音楽に合わせて遊んでみましょう。

たべもの

たべもの手あそび
ピクニック

作詞・作曲不詳　編曲：植田光子

3〜5歳児

♪ 1と5で たこやきたべて　2と5で ヤキソバたべて　3と5で スパゲティたべて
4と5で ケーキをたべて　5と5で おにぎりつくって　ピクニック　ヤッ

①1と5で
右手で1本、左手で5本の指を出す。 

②たこやきたべて 
つまようじに刺したたこ焼きを食べるしぐさをする。

③2と5で 
右手で2本、左手で5本の指を出す。

手あそび名人への道　いつ!? どのように!?

★**給食前や遠足の前などに**
　指を箸などに見たてた楽しい食べ物の手あそびうたです。給食や遠足のお話をする時にうたいましょう。

★**手あそびに入る前には**
　「ピクニックに行ったら何が食べたい？どんな物で食べる？」など、子どもたちといっしょに考えてみましょう。「1本の指は何に見える？これで何が食べられるかな。2本は？3本は？」など、子どもたちとやりとりをしながら歌につなげていきます。
　保育者の動作をみんなであてっこしてみましょう。保育者はわざと順番を間違えてみてください。きっと子どもたちから違いを指摘されるでしょう。

ピクニック

④やきそばたべて
右手を箸にして焼きそばを食べるしぐさをする。

⑤3と5で
右手で3本、左手で5本の指を出す。

⑥スパゲティたべて
右手をフォークにしてスパゲティを食べるしぐさをする。

⑦4と5で
右手で4本、左手で5本の指を出す。

⑧ケーキをたべて
右手をナイフにしてケーキを切るしぐさをする。

⑨5と5で
両手の指を5本出す。

⑩おにぎりつくって ピクニック
おにぎりをにぎるしぐさをする。

⑪ヤッ！
こぶしを元気よくあげる。

年齢別アレンジ

★低年齢児には
　向かい合ってひざの上にのせて座ります。子どもの片手をパーに開いて"5"を表現し、保育者の片手で"1〜5"を表現して子どもの手のひらにのせます。食べるまねは順番にしたり、子どもだけにしたり、いろいろ行なってみましょう。

★3〜5歳児には
　最後の"ヤッ！"は、うれしい気持ちをいっぱいに表現しましょう。声も元気よく出ますよ。
　他にも食べものの名前を変えて遊んでみましょう。

たべもの

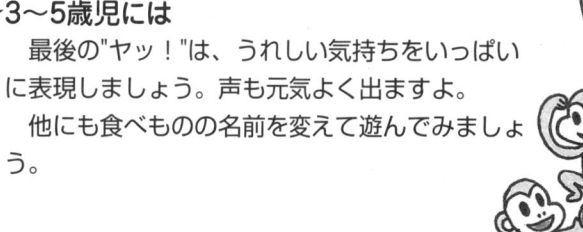

✲✲たべもの手あそび✲✲
パンやさんにおかいもの

3〜5歳児

作詞：佐倉智子　作曲：おざわたつゆき　編曲：植田光子
振付：阿部直美

(楽譜)

歌詞：
1. パン パン パンやさんに おかいもの
2. ホイ ホイ たくさん まいど あり

サンドイッチに メロンパン ねじりドーナツ パンのみみ チョコパン ふたつ くださいな ハイ どうぞ

手あそび名人への道　いつ!?どのように!?

★スキンシップを楽しんで
　パンを顔で表現したあそびうたです。1人でも2人組でも楽しめます。お友だちとのスキンシップがとても楽しくなりますよ。2人組のときは、パン屋さんとお客さんの役を決めてから始めましょう。
　顔はやさしく触るようにしましょう。

★手あそびに入る前には
　「おいしいパンが食べたいから、パン屋さんに買いに行こうと思うけど、何のパンにしようかな？」「サンドイッチもいいしドーナツもおいしいね」などと子どもたちに話しかけて始めましょう。

パンやさんにおかいもの

1番

①パンパンパンやさんに おかいもの 
曲に合わせて拍手をする。

②サンドイッチに 
お客さんはパン屋さんの両ほおを両手ではさむ。

③メロンパン 
パン屋さんの両目をアカンベーする。

④ねじりドーナツ 
パン屋さんの鼻をつまんでねじる。

⑤パンのみみ 
パン屋さんの両耳を引っぱる。

⑥チョコパンふたつ くださいな 
パン屋さんの脇の下をくすぐり、「くださいな」で3回拍手をする。

2番

1番の①〜⑥の動作を、パン屋さんとお客さんを入れ替えて行う。

年齢別アレンジ

★低年齢児には
保育者と子どもが向かい合い顔をやさしく触って遊びましょう。

★3〜5歳児には
○ペープサートやパネルシアターを利用し、パンの買い物を楽しんでみましょう。

○パン屋さん以外にも顔を使った食べ物で遊んでみましょう。
　たこ焼き…親指と人さし指でほおを握って丸くする。
　ぎょうざ…耳を手前に曲げる。
　焼きそば…髪の毛をモジャモジャ触る。

たべもの手あそび パンパンサンド

作詞：阿部恵　作曲：宮本理也　編曲：植田光子
振付：阿部恵

1～5歳児

歌詞：
ふ—んわりパン　ふ—んわりパン　(ジャム)を—はさんで
(ジャム)サ—ンド　パン パン パン　パン パン パン
ほ—ら できあが り—

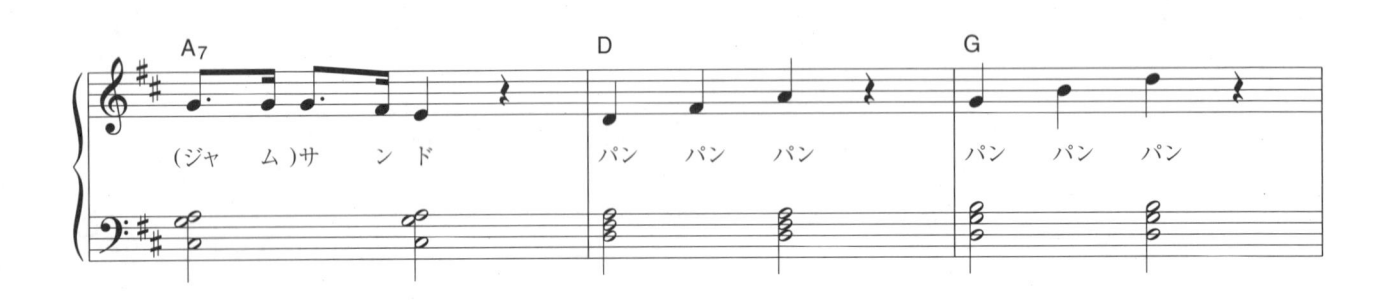

手あそび名人への道 いつ!? どのように!?

★新学期、週の初めには
　サンドイッチをつくる、簡単な手あそびです。
　「毎日朝ご飯食べてる？パンでもご飯でも朝食べると、体に元気のもとがいっぱいたまって、いろんなことを思いついたり、楽しく遊んだりできるよ。」など、朝ご飯の大切さを知らせていきます。

★手あそびに入る前には
　「パンの中でもいろんなものがはさめておいしいパンは何でしょう？」と、サンドイッチの話を始め、何をはさんで食べるかみんなで考えた後、手あそびをしてみましょう。「今日のサンドイッチは何が入っているかな、お楽しみ」と、期待をもたせます。

パンパンサンド

①ふんわりパン
右手の手首を回転させて前に出す。

②ふんわりパン
左手も回転させて前に出す。

③ジャムをはさんで
ジャムを塗るしぐさをする。

④ジャムサンド
両手を横にし交互に合わせる。

⑤パンパンパン
顔の左前で拍手を3回する。

⑥パンパンパン
顔の右前で拍手を3回する。

⑦ほーら できあがりー
両手を返して前に差し出す。

みんなで食べるまねをする。

年齢別アレンジ

★低年齢児には
　子どもをひざの上にのせ、向かい合って座ります。子どもの両手をもっていっしょに遊んだり、保育者が手あそびを見せたりして遊びましょう。

★3～5歳児には
　ジャムサンド以外のものを考えてみましょう。タマゴサンド、フルーツサンド、ハムサンドなど。画用紙や布などでサンドイッチ用のパンを作ります。具になるものも考え、同じように画用紙や布などで作ります。「好きなサンドイッチを作ってみよう。」の合図でそれぞれ作り、歌に合わせ、みんなの前で見せ合って遊んでみましょう。

たべもの

✳︎✳︎たべもの手あそび✳︎✳︎
カレーライスのうた

2〜5歳児

作詞：ともろぎゆきお　作曲：峯　陽　編曲：植田光子

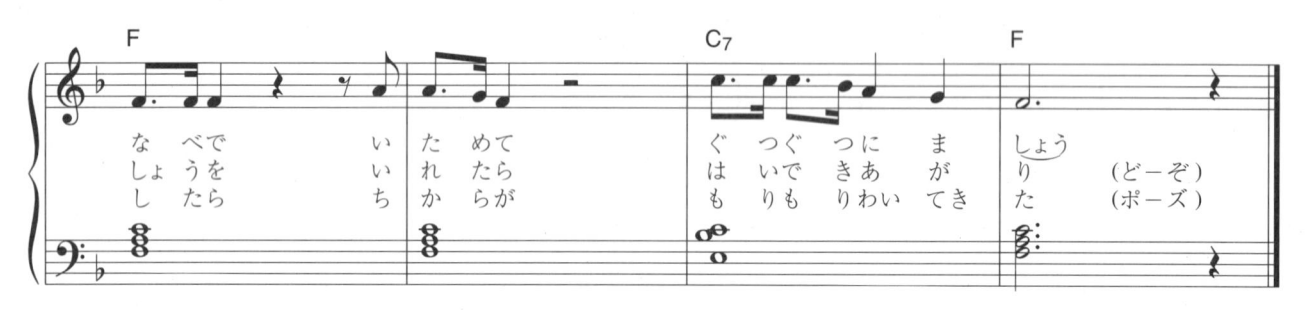

1.	にんじん	たまねぎ	じゃがいも	ぶたにく	おこそ
2.	おしお	カレールー	いれたら	あじみて	
3.	ムシャムシャ	モグモグ	おみず	ゴクゴク	

	なべで	いためて	ぐつぐつにまき	しょうり	（どーぞ）
	しょうを	いちか	はいできあがり	た	（ポーズ）
	したら	れたらが	もりもりわいてき		

1番

①にんじん 
両手でVサインをする。

②たまねぎ 
両手を合わせてふくらませ、タマネギの形を作る。

③じゃがいも 
両手をグーにして、軽く頭をたたく。

手あそび名人への道　いつ!?どのように!?

★新学期、週の初めには
　子どもたちが大好きなカレーライス。「カレーの中には何が入ってる？」子どもたちに問いかけてみます。「ジャガイモはどんな形？」「ニンジンやタマネギは？」など実際に手で形をつくってみます。最初に保育者がうたい、その後子どもたちにまねをするよう声をかけます。

年齢別アレンジ

★低年齢児には
　向かい合って座り、ゆっくりと子どもの身体を使ってカレーライスをつくりましょう。

★4〜5歳児には
　保育者と子どもたちは向かい合ってお互いにまねをしていきます。リーダーを決めて同じ動作をしながらうたっても楽しいですよ。

カレーライスのうた

④ぶたにく

人さし指で鼻を上にあげる。

⑤おなべで いためて

左手で鍋を持ち、右手で炒めるしぐさをする。

⑥ぐつぐつにましょう

両手を交互に開いたり閉じたりする。

2番

①おしお

両手で塩を振りかけるしぐさをする。

②カレールー

カレールーの板を折るしぐさをする。

③いれたら あじみて

右手の人さし指でなめるしぐさをする。

④こしょうを いれたら

こしょうのびんを振るしぐさをする。

⑤はいできあがり

両手を前に出し、料理を出すしぐさをする。

⑥どーぞ

右の人さし指で鼻を押す。

3番

①ムシャムシャ モグモグ

左手をお皿、右手をスプーンにして食べるしぐさをする。

②おみずも ゴクゴク

右手でコップを持って、水を飲むしぐさをする。

③そしたら ちからが もりもりわいてきた（ポーズ）

ガッツポーズで、左右の腕を交互に上下に動かす。

✳︎✳︎たべもの手あそび✳︎✳︎
おでん

作詞：阿部恵　作曲：家入脩　編曲：植田光子
振付：阿部恵

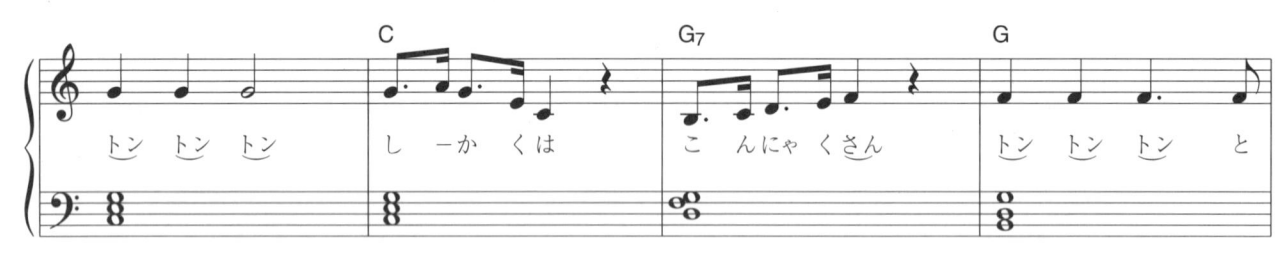

3〜5歳児

1. ちいさなおでんを　つくります　トントントン　まんまるは
2. ちゅうくらいのおでんを
3. おおきなおでんを

だいこんさん　トントントン　さんかくは　ハンペンさん

トントントン　し－かくは　こんにゃくさん　トントントン　と

グツグツにれば　トントントン　とできあがり　モグ！パク！ガブ！

手あそび名人への道　いつ!?　どのように!?

★**手あそびに入る前には**
「おでんの具にはどんなものが入ってるかな？」子どもたちの反応をみながら、「三角は何に見える？」「大根はどんな形？」などと進めていきましょう。

★**寒い季節に**
「今日は寒いから、お家の夕ごはんはおなべかなあ？」「何のおなべが好きかなあ？」など、保育者の語りかけでメニューがたくさん出てくるかも知れませんね。しぜんに「おでん」の中身にふれていけたらいいですね。

おでん

① ちいさなおでんをつくります 
身体の前で小さく拍手する。

② トントントン 
右手を包丁、左手をまな板に見たて、切るしぐさをする。

③ まんまるは 
両手の人さし指と親指で輪を作る。

④ だいこんさん 
伸ばした右腕を左手で上から下へなでる。

⑤ トントントン さんかくは 
②のしぐさをした後、両手で三角を作る。

⑥ ハンペンさん 
④と同じ。

⑦ トントントン しーかくは こんにゃくさん 
②のしぐさの後、両手で四角を作り、次に④のしぐさをする。

⑧ トントントンとグツグツにれば 
②のしぐさの後、手のひらをすぼめたり、開いたりしながら上下に動かす。

⑨ トントントンとできあがり モグ！ 
拍手を5回して、食べるまねをする。

(2番)(3番)は歌詞に合わせて、動きを大きくする。

年齢別アレンジ

★低年齢児には
子どもをひざの上にのせて"トントントン"とひざを上下させると楽しく遊べるでしょう。

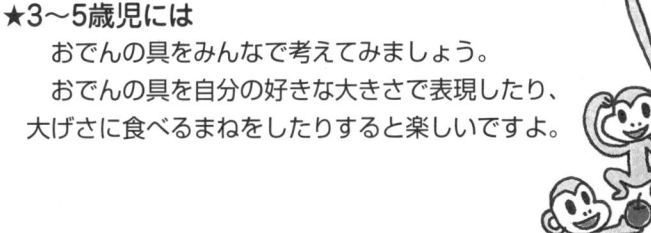

★3〜5歳児には
おでんの具をみんなで考えてみましょう。
おでんの具を自分の好きな大きさで表現したり、大げさに食べるまねをしたりすると楽しいですよ。

たべもの手あそび
フルーツパフェ

作詞・作曲：阿部直美　編曲：植田光子
振付：阿部直美

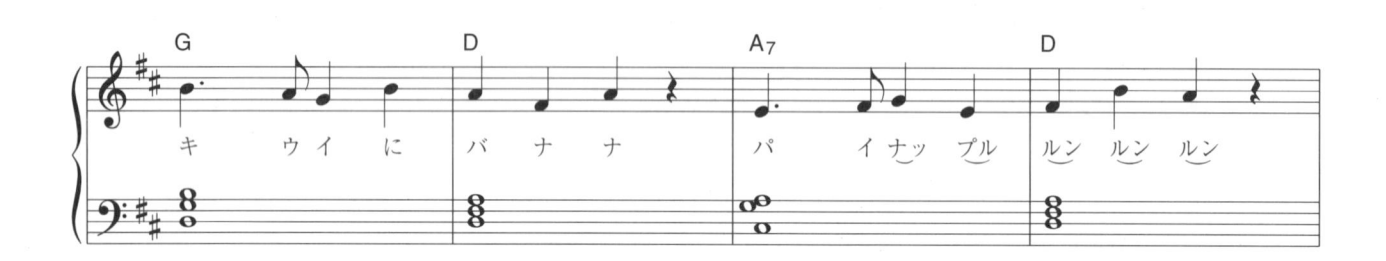

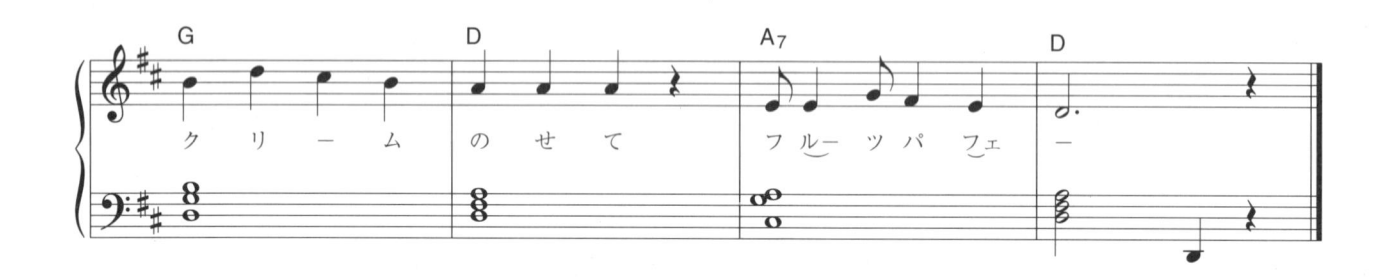

4〜5歳児

（楽譜）

いちご　みかん　マスクメロン
キウイに　バナナ　パイナップル　ルンルンルン
クリーム　のせて　フルーツパフェー

手あそび名人への道　いつ!?どのように!?

★集会や果物狩りの園外保育に

指を使い数字で果物を表現します。

「フルーツパフェを食べたことがある？食べたとき、どんな果物が入っていたか覚えてる？」などと話をしてみましょう。いろんな果物の名前が挙がってきます。「おいしそうね」とことばがけをしながら、手あそびへと誘っていきます。「実はフルーツパフェっていう手あそびを知ってるんだけど、やってみようか」と、実際にやってみましょう。

フルーツパフェ

①いちご
「1」と「5」を出す。

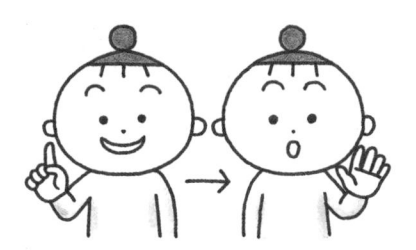

②みかん
「3」を出す。

③マスクメロン
口を押さえ、目を指し、「6」を出す。

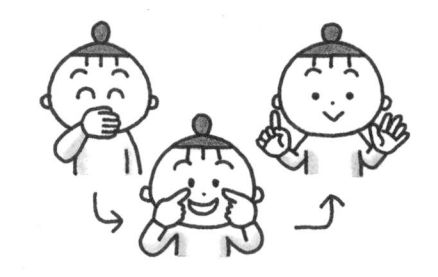

④キウイに
「9」と「1」を出す。

⑤バナナ
いないいないバアをしてから「7」を2回出す。

⑥パイナップルルンルンルン
「8」、「1」、「7」と出し、「7」を3回輪を描いて振る。

⑦クリーム
「9」と「1」を出す。

⑧のせて
両手を頭の上で組む。

⑨フルーツパフェー
曲に合わせて左右に揺れる。

年齢別アレンジ

★低年齢児には
ひざの上に子どもをのせ、向かい合って座ります。保育者が子どもの顔を見ながら手あそびをしてみせたり、子どもの手をもち、ゆっくりやってみたりしましょう。数字を表現できなくても、指を動かすなどして遊んでみましょう。

★4〜5歳児には
歌の速度を変えてみましょう。最初は普通の速度で、次に少し速く、もう少し速く、今度はゆっくりとなど、子どもの状態に合わせて変えていくと楽しく遊べます。歌詞に出てくる果物以外にも、子どもたちといっしょに考えてみましょう。

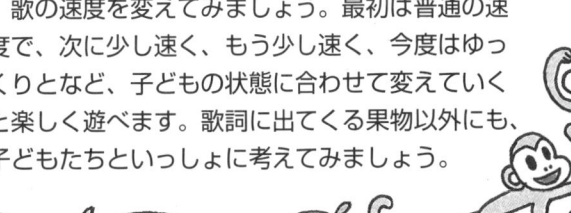

✲✲たべもの手あそび✲✲
キャベツはキャ

作詞・作曲不詳　補作：福尾野歩　編曲：植田光子

2〜5歳児

1. ト　マ　ト　は	トン　トン　トン	キャ　ベ　ツ　は	キャ　キャ　キャ
2. ピ　ー　マン　は	ピッ　ピッ　ピッ	カ　ボ　チャ　は	チャ　チャ　チャ
3. ぶ　ど　う　は	ぶ　ぶ　ぶ	す　い　か　は	すい　すい　すい

キュ　ウ　リ　は	キュ　キュ　キュ	ダ　イ　コン　は	コン　コン　コン
ニン　ジン　は	ジン　ジン　ジン	ハ　ク　サイ　は	クサイ　クサイ　クサイ
パ　イ　ン　は	パイ　パイ　パイ	り　ん　ご　は	アッ　ポ　ー

手あそび名人への道　いつ!? どのように!?

★集会や給食・お弁当前に
　野菜や果物の名前や、擬音的な言葉がたくさん出てくる楽しい手あそびです。「みんなの好きな野菜や果物ってなあに？」と尋ねると、いろんな答えが返ってきます。「楽しい手あそびがあるよ。どんな野菜や果物が出てくるかお楽しみに。」など、ことばがけをして始めましょう。

年齢別アレンジ

★低年齢児には
　子どもをひざの上にのせて向かい合って座ります。両手をもち、いっしょに遊んでみましょう。

★2〜5歳児には
　他の野菜や果物を取り入れてみましょう。
　しいたけ…ケッケッケッ（足で蹴るまね）
　たまねぎ…エンエンエン（泣くまね）

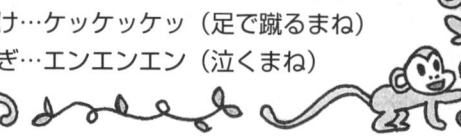

キャベツはキャ

1番

①トマトは
うたう。

②トントントン

両手のこぶしで上下交互にして3回たたく。

③キャベツは
うたう。

④キャキャキャ

両手の指を開いたり閉じたりして笑うまねをする。

⑤キュウリは
うたう。

⑥キュキュキュ

両手の指を組み合わせ、3回握る。

⑦ダイコンは
うたう。

⑧コンコンコン

頭を3回たたく。

2番

①ピーマンは
うたう。

②ピッピッピ

人さし指を出し、3回曲げる。

③カボチャは
うたう。

④チャチャチャ

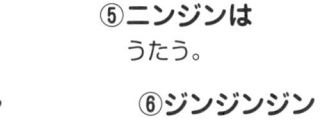

中指と親指で、3回指を鳴らす。

⑤ニンジンは
うたう。

⑥ジンジンジン

忍者のように左手の人さし指と中指を立て、右手でそれを包んで右手の人さし指も立てる。

⑦ハクサイは
うたう。

⑧クサイクサイクサイ

左手で鼻をつまむ。

3番

①ぶどうは
うたう。

②ぶぶぶ

指で鼻を上に向ける。

③すいかは
うたう。

④すいすいすい

両手を広げ平泳ぎのしぐさをする。

⑤パインは
うたう。

⑥パイパイパイ

胸を軽くたたく。

⑦りんごは
うたう。

⑧アッポー

「アッ」で右手をおでこにあて、「ポー」でジャイアント馬場のように頭の前に出す。

ピアノ伴奏について

　本書のピアノ伴奏には、少しでも多くの保育者に楽しくピアノを活用していただくために、下記のような配慮をしています。

　本来、「手あそびうた」「指あそびうた」「わらべうた」にはピアノ伴奏はありません。しかし、時には雰囲気を変えたり、場を盛り上げたりするために、伴奏を弾いた方が効果的な場合もあります。

　そのため、本書では特に弾きうたいの苦手な人や慣れていない人、そして初心者のために音楽的理論や技術を可能な限り省略したやさしい伴奏形にし、その曲にあった最低限のハーモニーのみを提供することを主な目的として編曲しました。

●前奏・後奏においてもすべて省略しています。もし前奏が必要な場合は、そのメロディーの終わりの2〜4小節をそのまま曲の初めにつけて演奏しましょう。

●基本的に右手のメロディーが優先です。本書では、両手伴奏の音が重複した場合（同じ鍵盤を押さえることになる場合）は、メロディーを優先として左手の音の表記を省略しています。

●わらべうた以外のすべての曲にコードネームを付けてあります。ピアノ伴奏の得意な方や音楽技術のある方は、曲のイメージに合わせてリズムパターンを変えてアレンジしてみましょう（220ページも参照）。

《例》4拍子の曲

①和音を同時に押さえ、1拍ずつ弾く
②1音ずつ分散する
③和音を2つに分ける
④和音を分散し、リズムをつける

⑤細かく刻む(1)　　　　　　　　⑥細かく刻む(2)

《例》3拍子の曲

⑦1音ずつ分散して弾く　　　　　⑧和音を2つに分ける

その他のアレンジ

　弾きうたいの伴奏ができるようになったら、すべてのを曲をマーチ風（2拍子の行進曲風）にもしてみましょう。園庭から保育室に入ったり、発表会の入場の曲として使ったりと、その活用範囲もさらに広がっていくでしょう。

子どもへの音楽的な関わり

　保育・教育のなかで、子どもたちに豊かな感性と表現力を身につけさせて、創造性を育むためには、まず保育者自身の音楽的資質が重要です。
　「手あそびうた」「指あそびうた」「わらべうた」は特に、保育者と子どもとのコミュニケーションやスキンシップが大切であり、いつも子どもたちの表情を見ながら、心を通わせ、そして、安心感を与えながら、楽しく表現することによって、子どもたちもまねをしながら、表現力やリズム感がしぜんと身についていきます。したがって、保育者が心から楽しまなければ、その感性は子どもたちには伝えられないということです。心から楽しむように心掛けましょう。

主なピアノコード表

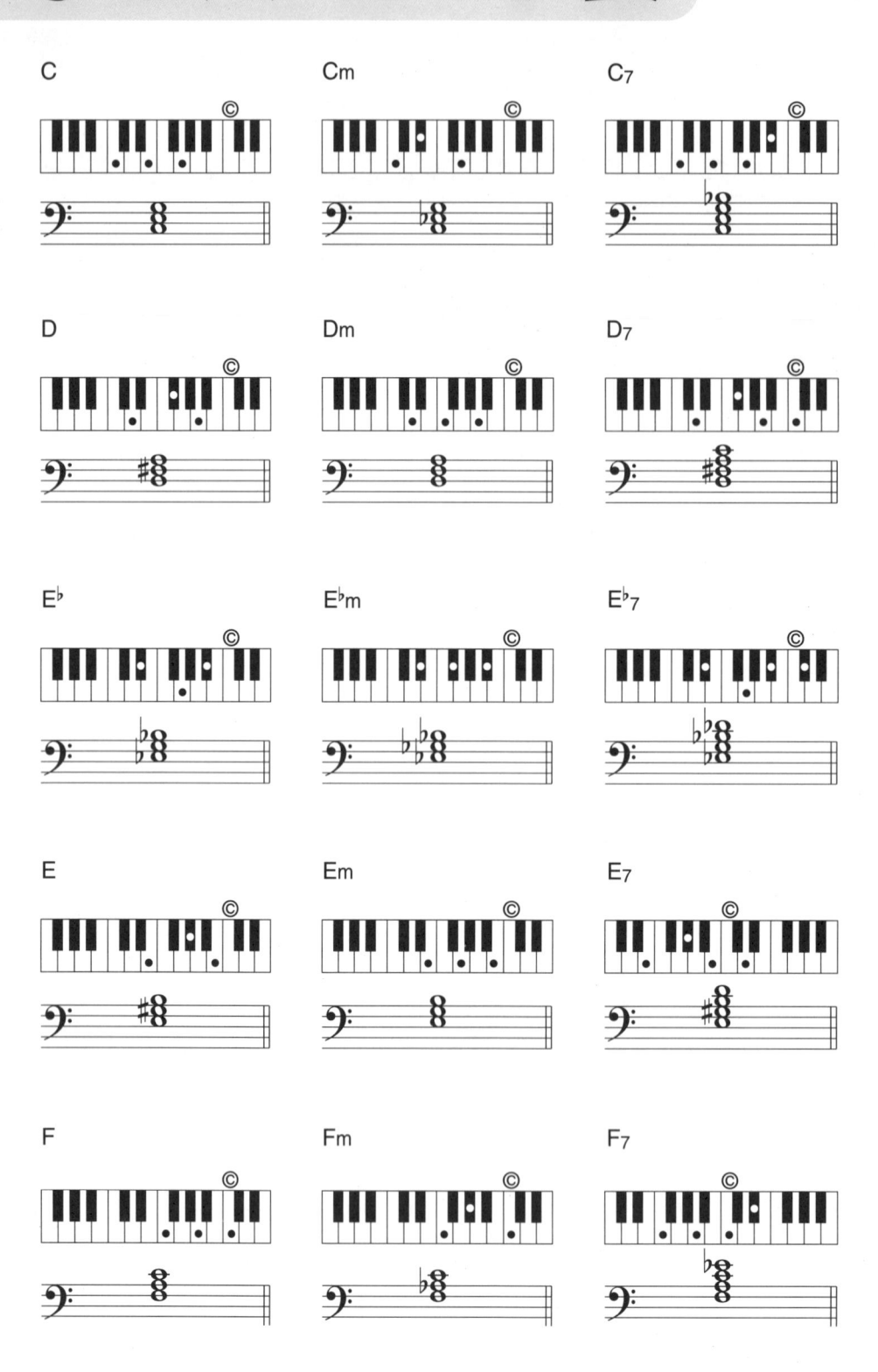

●本書に掲載のピアノコードです。伴奏の際に参考にしてください。

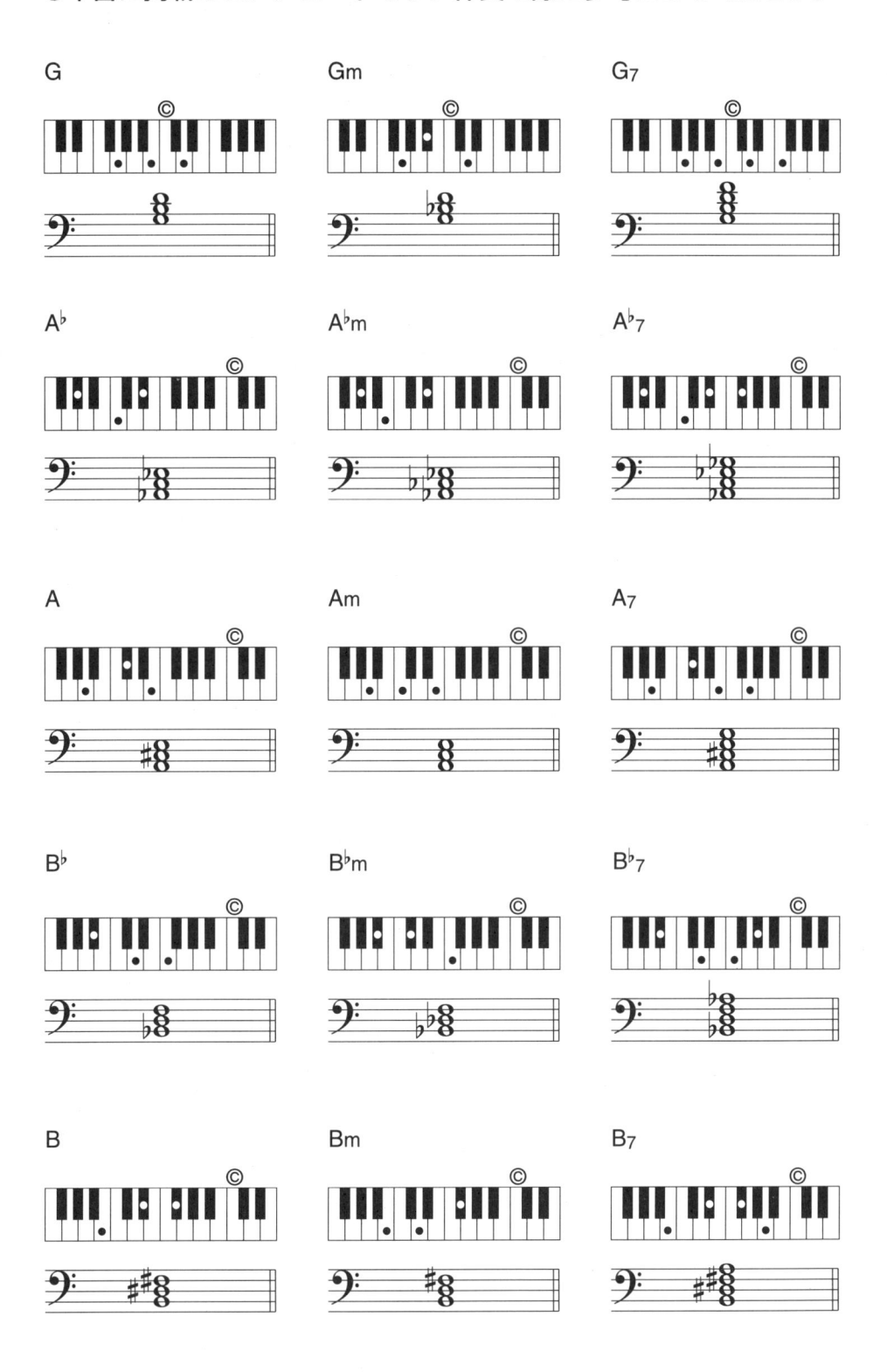

G	Gm	G7
A♭	A♭m	A♭7
A	Am	A7
B♭	B♭m	B♭7
B	Bm	B7

手あそび名人への道

手あそびを保育でじょうずに生かすためのいくつかの方法です。手あそびを選ぶとき、実践するときにはぜひ何度となく目を通してみてください。

その❶ 覚えておくと便利！いつでもどこでも手あそびを！

手あそびには特別な道具はいりません。手がすでに道具だからです。どこにいても、だれとでもすぐにあそべるのが手あそびです。自分の持ち歌として、いくつか覚えておくといいですね。初めて子どもと遊ぶとき、ちょっとした時間があいたときなどにすかさず実践してみましょう。

その❷ まずは保育者自身が楽しもう！

子どもと手あそびを楽しもうと思うなら、まずは保育者自身が楽しむことが第一でしょう。子どもは、保育者のまねをするからです。たくさんある手あそびのなかから、「おもしろそう」と思うものをまずは実践！保育者が楽しんでいるようすにこそ、子どもは楽しさを覚えていきます。

その❸ 子どもに伝えるときは堂々と！

うろ覚えのまま手あそびを始めると、子どもの気持ちはのってきません。手あそびをまずはひと通り覚えておきましょう。難しい振りだなと思ったら、簡単にアレンジして覚えやすくするのも一つの手かもしれません。保育者が自信満々に楽しんですると、子どもたちもまねをしながらついてきます。

その❹ 繰り返しがおもしろさをうみます！

年齢にもよりますが、初めは興味がなさそうでも何度か繰り返し行なっていると、子どもはまちがえながらもしだいに覚えていき、興味を持ち始めます。ある程度の粘りをもって接しましょう！

その❺ 飽きてきたら少しずつ変化をつけて！

子どもは気に入った手あそびなら、一年を通してどんなときでも遊びます。しかし、少し慣れてきたり、飽きてきたかなと思ったら、少し変化をつけてみましょう。子どもの時々のようすに合わせて、強弱をつけたり、速さを変えてみましょう。「年齢別アレンジ」をヒントに振りや言葉を変えて難しくしたり、時には簡単にしてほっと一息ついたり、友達とふれあったりするのもいいですね。

その❻
手あそびの始まりにも一工夫!

いつも「じゃあ、手あそびをしようか」と言って始めるのではなく、「みんな静かにしてみて、何か聞こえてくるよ」と耳を澄まして、静まったところで歌いだしたり、ピアノの音から始めてみるのも、子どもの興味をひく一つの方法です。

その❼
次の活動に移るときには最適!

一つの活動を終えて、次の活動に移るときに手あそびは最適です。次の活動につながるテーマの手あそびを選ぶと、気持ちもゆっくりと活動に向かいます。子どもが「次は何をするのかな?」とドキドキワクワクするような手あそびを選べるとさらにいいですね。

その❽
押しつけにはご注意!

活動と活動の「つなぎ」や、生活習慣を「身につけさせる」手あそびや「言葉あそび」という意識が強すぎて押しつけになってしまうと、子どもたちの楽しさがなくなってしまうので、手あそび自体を楽しむことを忘れないようにしましょう。ほっと一息、心を休ませリラックスさせて、次の活動へのクッションにしましょう。

その❾
手あそびの余韻も楽しんで!

手あそびをしたら、「はい、食べ物の絵をかきますよ」とすぐに活動に入るのではなく、手あそびをしたから「どんな絵をかこうかな、おいしいものをかこうかな」とことばがけをして、手あそびの余韻も楽しみながら次の活動に移っていきましょう。

その❿
子どもの興味・関心を広げて、創造力と表現力を高めよう!

122曲の手あそびと122曲以上の遊び方で、子どもの興味・関心を広げていきましょう。声を出して動くことで、ものを創造する力と、表現する力が高まります。手あそびで子どもの可能性を高めましょう。

編著者紹介

植 田 光 子

国立音楽大学教育音楽学科卒業。
米国ホーリー・ネームズ大学教育音楽学科大学院修士課程修了(M.M.取得)。
コダーイ・システム教育ディプロマ取得。
同大学教育音楽学科専任講師(幼児音楽教育担当)を経て帰国。
現在、大阪国際大学短期大学部幼児保育学科教授。
日本音楽教育学会会員。
全国大学音楽教育学会会員。
保育者養成に長年取り組みつつ、保育講演活動や老人保健施設でボランティア活動を行なっている。

参考資料

『指あそび手あそび100』(阿部直美／編著　チャイルド本社)
『だ～いすき手あそび106』(阿部直美／著　アド・グリーン企画)
『子供が喜ぶ手遊び歌　楽しいアイデア集』(阿部直美／著　世界文化社)
『0～5才児の手あそび歌あそび』(阿部直美／著　ひかりのくに)
『手遊び歌遊びドレミファレストラン』(阿部恵／編著　小学館)
『たのしいコミュニケーション　手遊び歌遊び』(阿部恵／編著　明治図書)
『バスの中が楽しくなる　わいわいバスレクアイディア集』(阿部恵／編著　学習研究社)
『表現力を育てるいっぱいいっぱい遊び歌』(おざわたつゆき／著　フレーベル館)
『新沢としひこのあそびうただいすき！』(新沢としひこ／著　すずき出版)
『中川ひろたかのあそびソングブック』(中川ひろたか／著　ひかりのくに)
『あそびうた大全集』(福尾野歩／作・監修　クレヨンハウス)
『2・3歳児のふれあい歌あそび』(塩野マリ／編著　ひかりのくに)
『保育者のための手あそび歌あそび60』(伊藤嘉子／編著　音楽之友社)
『うたって楽しい　手あそび指あそび120』(レッツ・キッズ・ソンググループ／編著　ポプラ社)
『こどものうた200』(小林美実／著　チャイルド本社)
『入園から卒園まで活用できる　こどもの歌』(秋山治子／編著　共同音楽出版社)
『心育てのわらべうた』(佐藤志美子／著　ひとなる書房)

「いつ」「どのように」使えるかがわかる!!
手あそび百科

2006年 3月　初版発行

編著者　植田　光子
発行人　岡本　健
発行所　ひかりのくに株式会社
〒543-0001　大阪市天王寺区上本町3-2-14　郵便振替00920-2-118855　TEL06-6768-1155
〒175-0082　東京都板橋区高島平6-1-1　郵便振替 00150-0-30666　TEL03-3979-3112
ホームページアドレス　http://www.hikarinokuni.co.jp
印刷所　凸版印刷株式会社

©2006　乱丁、落丁はお取り替えいたします。　　Printed in Japan
JASRAC　出0602102-601　　　　　　　　　　　　ISBN4-564-60383-3
　　　　　　　　　　　　　　　　　　　　　　　NDC376 224P 26×21cm